干部教育培训专题学习读本

京津冀地区生产性服务业与制造业协同集聚研究

未江涛　苏媛　丁慧——著

JINGJINJI DIQU SHENGCHANXING FUWUYE
YU ZHIZAOYE XIETONG JIJU YANJIU

天津社会科学院出版社

图书在版编目（CIP）数据

京津冀地区生产性服务业与制造业协同集聚研究 /
未江涛，苏媛，丁慧著. -- 天津 ： 天津社会科学院出版
社，2023.4
ISBN 978-7-5563-0881-1

Ⅰ．①京… Ⅱ．①未… ②苏… ③丁… Ⅲ.①生产服
务－服务业－产业发展－研究－华北地区②制造工业－工
业发展－研究－华北地区 Ⅳ. ①F726.9②F426.4

中国国家版本馆 CIP 数据核字(2023)第 068202 号

京津冀地区生产性服务业与制造业协同集聚研究
JINGJINJI DIQU SHENGCHANXING FUWUYE YU
ZHIZAOYE XIETONG JIJU YANJIU
责任编辑：吴 琼
责任校对：杜敬红
装帧设计：高馨月
出版发行：天津社会科学院出版社
地　　址：天津市南开区迎水道 7 号
邮　　编：300191
电　　话：（022）23360165
印　　刷：北京建宏印刷有限公司
开　　本：710×1000　　1/16
印　　张：14.5
字　　数：204 千字
版　　次：2023 年 4 月第 1 版　　2023 年 4 月第 1 次印刷
定　　价：78.00 元

前　言

　　京津冀地区是我国一个非常重要的地区,无论从地理位置还是经济发展来看,北京、天津、河北都是一个紧密相连、不可分割的整体。随着《京津冀协同发展规划纲要》的审议和通过,关于京津冀协同发展的问题正式以纲要的形式上升到国家层面,区域协同发展的步伐开始进入快车道。由于受历史问题的影响,京津冀协同发展的基础并不乐观,主要表现为京津冀地区协同发展水平不高,内部个体之间的联系程度不尽如人意。在工业化进入末期的现阶段,本书将生产性服务业与制造业协同集聚与京津冀地区协同发展相结合进行研究,试图从产业协同集聚的角度探究促进京津冀协同发展的路径,在理论上和现实上都具有重要的意义。

　　基于上述背景,本书综合运用区域经济学和产业经济学的有关原理和方法,结合京津冀地区经济发展的实际,从产业层面和空间层面两个维度,从理论和实证两个方面较深入研究了京津冀地区生产性服务业与制造业协同集聚的有关问题。具体研究内容如下:

　　第一,重点对产业协同集聚进行论述,发现产业集聚先于产业协同集聚而存在,产业协同集聚在产业集聚的基础上发展而来。产业协同集聚过程中,不同产业之间的内在产业关联性是产业间存在协同集聚可能性的前提,这种关联性主要表现在前向关联和后向关联。在与单个产业集聚相比较时,本书提出产业协同集聚能够扩大产业集聚的规模效应、解决单个产业集聚的不经济、实现不同产业融合发展等突出优势。

第二，重点对京津冀地区生产性服务业与制造业协同集聚的内在机理进行深入分析。首先，结合"机理"的概念和内涵从理论角度分析了生产性服务业与制造业协同集聚的内在机理，然后按照需求关联与供给关联的内在关系建立理论模型，采用空间计量的实证分析方法对京津冀地区生产性服务业与制造业协同集聚的内在影响因素进行检验。从产业层面分析发现，在控制其他变量不变的情况下，产业的投入—产出关联促进了生产性服务业与制造业的协同集聚，知识密集度则通过行业间的知识外溢有助于生产性服务业和制造业协同集聚的实现。北京作为区域性中心城市对周边地区存在一定的辐射作用，作用大小与空间距离有关。从空间层面分析发现，要素成本和交易成本对生产性服务业与制造业的协同集聚存在显著影响，且存在均衡的交易成本水平使得生产性服务业与制造业协同集聚度达到最优。从制度层面分析发现，政府规模与产业协同集聚存在负相关，过度的行政干预阻碍了产业协同集聚，推进京津冀市场一体化则有助于提升产业协同集聚程度。

第三，重点对京津冀地区生产性服务业与制造业协同集聚效应进行深入分析。首先研究了两者在京津冀地区协同集聚环境下的互补效应和挤出效应，然后引入城市人口规模作为门限变量，构建了面板门限回归模型进行实证检验，发现在不同城市规模的模型估计中，生产性服务业与制造业协同集聚对城市经济增长存在门限效应，并提出当城市人口规模位于778.26万~1863.57万人时，京津冀地区生产性服务业与制造业协同集聚对城市经济增长的推动效应最大，为城市发展规模提供了一个衡量标准。

第四，重点从理论层面对雄安新区设立背景下京津冀地区生产性服务业与制造业协同集聚进行了研究。在协同发展背景下，雄安新区与京津冀地区产业协同集聚必然存在相互影响的关系，本书在分析雄安新区与北京、天津、河北的关系基础上，提出了雄安新区的设立能够有效提升京津冀地区生产性服务业与制造业协同集聚水平,京津冀地区生产性服务业与制造业协同集聚能够有效推进雄安新区产业结构水平提升和空间布局优化。

本书的创新之处主要体现在以下三个方面:

第一,在对京津冀地区生产性服务业与制造业协同集聚的产业联动分析中,避开传统的"需求遵从论""供给主导论""互动论"等研究方法,运用"柯布—道格拉斯"生产函数,采用要素分解重组的方法从产业间生产要素投入方面挖掘两者之间的互动关系,在研究方法上有所创新。

第二,在分析生产性服务业与制造业协同集聚的内在机理时,从产业联动、空间联动以及两者的内在传导机制出发,推导出产业协同集聚的内在机理,提出存在一个均衡的交易成本使得生产性服务业与制造业协同集聚度达到最优。

第三,在研究京津冀地区生产性服务业与制造业协同集聚效应时,引入城市人口规模作为门限变量构建面板门限回归模型进行实证检验,提出当城市人口规模位于 778.26 万至 1863.57 万人时,京津冀地区生产性服务业与制造业协同集聚对城市经济增长的推动效应最大。

目 录

第一章

概览

第一节　研究背景

本书的研究背景主要基于以下三个方面：

一、京津冀协同发展推进生产性服务业与制造业协同集聚

京津冀地处环渤海区域，与珠三角、长三角地区共同构成我国东部沿海发展的三大都市圈，是我国北方经济发展最具活力的地区。京津冀地区有自己独特的发展优势，北京、天津作为两大直辖市，内嵌于河北省域内，成为京津冀地区经济发展的两大增长极。河北省环抱北京、天津两地，成为支撑两大直辖市发展的广阔腹地。该地区总面积21.6万平方千米，占全国国土面积的2.3%；拥有人口1.1亿人，却占据全国人口比重的8%，从单位土地面积的承载率来看，属于一个人口密集的地区。当前提出的京津冀协同发展战略，是对以往京津冀地区一体化发展的全新认识。在20世纪70年代，国家相关部门就已经展开对京津冀地区协同发展相关研究，这些研究进展情况可以通过表1-1展现出来。

表1-1　京津冀地区协同发展进程中的重大历史事件

年份	事件
1976	国家计划委员会组织了京津唐国土规划课题研究

年份	事件
1981	华北地区成立了全国最早的区域经济合作组织——华北经济技术协作区
1986	李瑞环提出环渤海区域合作问题,京津冀地区经济概念随之提出,并设立了环渤海地区经济联合市长联席会
1988	北京与保定、廊坊等六地市组建环京经济技术协作区,建立了市长专员联席会议制度,设立了日常工作机构
1992	中共河北省委提出两环(环京津、环渤海)开放带动战略
1995	贾庆林提出"首都经齐"概念,逐渐演变为北京重点发展"总部经济"
2001	吴良镛提出"大北京"概念,"大北京"实际上是京津和河北地区(包括京津唐、京津保两个三角形地区)的简称,2001年10月12日,被简称为"大北京规划"的"京津冀北城乡地区空间发展规划研究"通过建设部审定
2004	由国家发展和改革委员会主持的京津冀地区经济发展战略研讨会在河北廊坊召开,会上京津冀三省市政府达成廊坊共识
2005	亚洲银行提出"环京津贫困带"概念,认为在京津周边存在着24个贫困县
2006	北京市与河北省正式签署《北京市人民政府、河北省人民政府关于加强经济与社会发展合作备忘录》
2006	国家发展和改革委员会提出"京津冀都市圈(2+7)",即以京津为核心,包括河北省的唐山、秦皇岛、承德、张家口、保定、廊坊和沧州7个市,后来又加上石家庄,形成"2+8"
2008	农工民主党北京市参政议政委员会提出创建"大首都特区",将京津一体作为"泛华北五环符合同心圆圈区"的核心圆,逐层外向辐射拉动,最终形成一个强势的所谓"泛大华北区域经济协作地带"
2010	河北省提出打造"环首都绿色经济圈",北京提出"首都经济圈"
2011	"首都经济圈"写入国家"十二五"规划
2012	建设"首都经济圈",河北省"沿海发展战略"同时纳入国家"十二五"规划
2014	习近平提出京津冀协同发展的七点要求

资料来源:张可云等.京津冀协同发展历程、制约因素及未来方向[J].河北学刊,2014(11):101-105.

从京津冀协同发展的阶段性特征可以看出,在四十余年的发展历程中,有关"合作""一体化""协调"等概念不断出现,无论从政府层面还是市场层面,都对京津冀地区的协同发展做出了不断推进的努力。但纵观发展历程,京津冀地区合作层次主要体现在定期举办的会议和比较小的项目合作上,始终没有形成和出台国家层面的区域发展规划。直到2015年4月《京津冀协同发展规划纲要》通过审议和颁布,京津冀协同发展才正式上升到国家层面,并有了实质性的推动举措。《京津冀协同发展规划纲要》是当前指导京津冀地区协同发展的一部纲领性文件,核心是有序疏解北京非首都功能,解决北京城市资源过于拥挤的现实问题。同时,通过产业疏解,带动京津冀地区周边区域的经济发展,最终在京津冀地区形成基础设施、生态环境保护、产业有序对接等领域的协同发展。

目前,在《京津冀协同发展规划纲要》的指导下,京津冀地区经济发展保持向好趋势,经济运行比较平稳,产业结构不断优化,生产效率不断提高,生态环境不断改善,协同发展进入良好的轨道。2017年第一至三季度,京津冀地区生产总值合计58,622.8亿元,贡献了全国10%左右的国内生产总值。其中,北京生产总值为19,569.8亿元,天津生产总值为13,449.5亿元,河北生产总值为25,603.5亿元,按照可比价格计算,京津冀三地同比分别增长了6.8%、6%和6.7%。从外商直接投资来看,2016年全国25%的外商直接投资流向了京津冀地区。从研发投入情况来看,京津冀地区的研发经费占据了全国15%的比重。因此,京津冀地区无论在地缘关系、经济关系还是资源生态环境关系方面,都是密不可分的发展共同体。目前,京津冀地区已经成为继珠三角、长三角城市群之后第三个开放程度高、创新能力强、吸纳就业人口多、单位土地面积产出率高的城市群,并成为我国最具发展活力的地区之一。

经过多年发展,京津冀地区无论在治理体系方面,还是产业协同发展方面,都已经形成了较为稳定的区域结构。2017年4月1日,中共中央、国务院正式对外宣布设立雄安新区。雄安新区的设立引发全国各界的高度关注。作为国家层面的战略举措,在河北省建立一个国家级的现代化新区,一方面可以缓解北京"大城市病"的现实问题,另一方面为雄安新区集聚高质量资源要素,发展高新技术产业,加快壮大河北省的经济体量,有效缓解河北省与北京、天津之间的经济差距提供了路径。雄安新区设立后,京津冀地区原来的区域治理体系必然会被打破。作为京津冀地区乃至北方地区新的增长极,雄安新区产业的选择和空间发展规划,也会对京津冀地区生产性服务业与制造业协同集聚产生显著的影响。

由于京津冀地区生产性服务业与制造业的协同集聚是在京津冀协同发展背景下开展的研究,而且雄安新区作为国家级新区,位于京津冀地区内,肯定会对该研究主题产生深刻的影响。鉴于上述考虑,本书的研究主要基于京津冀协同发展和雄安新区设立的背景下开展研究。

二、服务型制造加速生产性服务业与制造业协同集聚

20 世纪 70 年代中期以来,随着工业化和城市化进程的不断推进,全球经济开始由工业经济向服务经济转型,西方各发达国家的产业结构也发生了显著的变化。在产业结构转型升级过程中,第二产业的比重持续下降,第三产业的比重不断攀升,成为当今世界产业发展的明显特征。在由工业经济向服务经济转型的过程中,以信息经济、知识经济为代表的新一轮科技革命颠覆了传统的制造业生产模式,先进制造业与现代服务业的融合发展正成为一种世界性发展趋势,"服务型制造"(Service-oriented Manufacturing,SOM)的概念应运而生。服务型制造作为一种更为先进的产业发展模式,具体来讲,就是制造业借助服务业的优势促进制造业转型升级,通过"制造+服务"的模式提升顾客的满意度,从以前的单纯提供产品到为客户提供全方位的"产品+服务"的模式,延伸拓展了产业链,增加了产品的附加值。对服务业而言,通过与制造业的产业链融合发展,获得了强大的市场驱动力量,促进了自身的快速发展。未来,服务业与制造业的融合

发展将越来越明显,并形成相互依存、共同发展的关系。

从世界经济发展实践看,"服务型制造"已经成为企业发展的重点方向。随着资源在全球配置背景下,国际上一些大型制造商纷纷在全球寻求更好的产业布局,从空间地理上更好地促进制造业与服务业的协同融合发展,通过借助服务业实现融合创新和流程再造等,不断创造新的利润增长点。其中,最为典型的就是国际通用电气公司"技术+管理+服务"的发展模式。通用电气在原有制造优势的基础上,为了进一步拓展制造产品的价值链,在服务型制造理念下,逐渐转变公司发展的战略定位,从原来专注于产品本身的生产制造环节,开始向生产环节之前的研发设计发力,同时加大对生产环节下游的物流仓储、市场营销、消费服务、电子商务、融资租赁等环节的投资,不断向融合现代生产性服务业的服务端转型发展。目前,通用电气的"服务+制造"模式所创造的价值已经超过公司总产值的70%,并成为引领国际制造商向价值链高端持续攀升的企业典范。

从服务型制造的发展内涵和发展历程可以看出,在早期服务型经济的崛起过程中,为了实现制造业与服务业的融合发展,必须具备产业关联和空间协同布局两个方面。在产业关联方面,主要从价值链出发探究制造业与服务业的内在关系,包括前向关联和后向关联。制造业为了向价值链高端攀升,获得更多的利润,必然需要借助服务业尤其是生产性服务业的知识技术要素改进生产效率,进而提升产品的价值水平和竞争力,这种降低生产成本和提升生产效率的内在要求促使制造业倾向于布局在生产性服务业比较容易获得的地区,或者生产性服务业集聚的地区。生产性服务业为了获得更大的市场需求空间,也积极布局在制造业比较集中的地区,以期通过需求市场的拓展获得自身规模的扩大。从服务型制造的过程来看,制造业与生产性服务业为了获得融合发展,必要求在空间布局上实现协同性。基于此考虑,本书把当前的服务型制造发展趋势,也作为研究京津冀地区生产性服务业与制造业协同集聚的选题背景之一。

三、经济新常态需要生产性服务业与制造业协同集聚

近年来,随着我国综合国力不断上升,经济发展进入新常态,服务型经济的地位也不断攀升,经济发展的内在支撑条件和外部发展环境都发生了很大的变化。特别是随着发达国家掀起的"再工业化"和"工业4.0"浪潮,我国面临的高端制造业回流和后发国家追赶等挑战更为严峻。另外,随着资源环境承载压力的不断加大和要素生产成本上升,市场倒逼机制需要我国制造业加快转型升级发展。在此背景下,国家主席习近平在2014年举办的APEC工商领导人峰会上,明确提出中国经济发展已经进入新常态,并对"新常态"的内涵进行了重点解读。习近平同志指出,新常态主要表现为三个基本特征:从高速增长转为中高速增长;经济结构不断优化升级;从要素驱动、投资驱动转向创新驱动。在经历增长速度换挡期、结构调整阵痛期、前期刺激政策消化期的叠加背景下,实现制造业的转型升级和推动"服务型制造",实现先进制造业与现代服务业的协同融合发展,不断缩小与发达国家在产业结构质量和技术发展水平上的差距,把我国从工业生产大国打造成全球制造业强国,已经成为新时代中华民族富强繁荣的重要历史使命。在经济发展进入新常态下,国务院又于2015年5月19日发布了《中国制造2025》蓝皮书,全面部署了向制造强国迈进的基本方略。"十二五"规划中也明确提出要"深化专业分工、加快服务产品和服务模式创新,促进生产性服务业与先进制造业融合"。随后,国务院又颁布《关于加快发展生产性服务业促进产业结构调整升级的指导意见》,旨在推进制造业的转型升级。通过加速先进制造业与现代服务业的协同融合发展,拓展产业链,促进产业链向附加值高、盈利性强的服务业领域延伸。2016年2月,《"十三五"时期京津冀国民经济和社会发展规划》颁布实施,成为我国第一个从国家层面制定的跨省市区域发展性质的"十三五"规划,其中包

括围绕协同发展制定的一系列关于市场、产业、交通、生态环境等重点领域的协同发展,为推动该地区产业互动发展和空间协同集聚创造了良好的制度环境。

从经济新常态可以看出,习近平总书记提出的新常态特征中,无论从结构优化还是动能转化方面,都对制造业与生产性服务业的发展提出了新的要求。从结构优化方面来看,产业结构优化是重点,只有产业结构的优化升级,才能推动经济整体上水平。目前,产业结构优化升级主要表现在二、三产业的互动发展,尤其是第三产业在国内生产总值中占比的上升。因此,新经济常态下推动结构优化升级,首先需要推动二、三产业尤其是制造业与生产性服务业的协同集聚。另外,在经济新常态下,经济发展动能的转换,也需要生产性服务业与制造业的协同集聚。广东在早些年就非常重视第三产业的发展,并提出了二、三产业协同发展的"双轮驱动"战略,通过大力发展第三产业进而带动第二产业的结构转型升级,取得了经济发展的成功。因此,无论从产业融合发展的角度,还是提升制造业的发展效率,实现"中国制造2025",都需要深入推进生产性服务业与制造业的协同集聚。基于上述考虑,本书把当前国家提出的经济新常态和"中国制造2025"也作为了本书选题的一个重要背景。

第二节 问题提出与研究价值

一、问题提出

从1976年国家计划委员会组织京津唐国土规划课题研究开始,京津冀地区的协同发展或一体化发展问题就开始纳入政府和专家学者的研究范围,并被持续关注和重视,这也充分说明京津冀地区在地理位置上的空间邻近性成为三地协同发展的重要纽带和有利条件。但在现实中,京津冀三地的协同发展或一体化发展并没有得到很好的协调,特别是近年来的一系列现实问题逐渐暴露出来,引起政府和专家学者的重点关注。

1. 城市规模过度膨胀需要通过产业转移实现重新集聚

"大城市病"是世界上特大城市比较容易感染的一种城市病,突出表现就是人口的急剧膨胀带来的一系列社会发展问题。由于城市具备产业集聚的优势条件,因此早期的产业一般倾向于在城市内部布局,这样就会吸引一大批劳动力向城市集聚,最终推动城市(无论在土地面积还是人口规模方面)实现扩大,北京从三环到四环、五环不断外扩,"摊大饼式"的发展规划就是城市规模不断扩张的形象表现。伴随着城市人口规模的不断扩大,与城市承载能力有限的矛盾不断凸显并开始激化,进而带来土地资源紧张、房价持续高涨、生态环境破坏、交通出行拥堵、社会基础设施不足等一系列问题。如果这些问题得不到科学合理的解决,长期下去就会导致城市面临发展困境,产业和人口为了寻求更好的发展空间,最终将导致城市的衰落。

结合京津冀地区的现实情况,目前,北京由于人口过度膨胀带来"大城市病"缠身,让其不堪重负,社会问题不断爆发。城市公共交通包括公交、地铁、出租车等出行方式的压力陡增和交通效率的低下已经严重影响到首都城市的发展。针对"大城市病"可能带来的社会问题,北京早在十多年前就制定和颁布了《北京城市总体规划(2004—2020年)》,并限定城市人口规模控制在1800万人,但很快这一限定数字就被突破,并在2012年达到了常住人口2069.3万人,比限定人口高出269.30万人。2016年,北京常住人口达到2172.9万人,比2012年多出103.60万人,比规划中限制的人口规模多出372.90万人。在北京非首都功能疏解政策的引导下,2017年北京常住人口为2170.7万人,比2016年末总人口减少了2.2万人,下降幅度为0.1%,成为2007年以来北京常住人口首次出现下降的特例。针对北京人口规模的过度膨胀,可以说北京已经进入"大城市病"的危机状态,必须通过京津冀协同发展战略实施北京非首都功能疏解来解决严峻的现实社会问题。在实施非首都功能疏解的过程中,重点是产业的疏解。只有以产业疏解为载体,才能带动人口流动并成为有效缓解北京"大城市病"的有效措施。在产业流动过程中,需要通过政府与市场的双重调节手段,推动产业的有序流动和布局。其中,这些被疏解的产业为了获得较好的利益条件,在转移过程中往往倾向于集聚在条件比较成熟的地方以获得规模效应。这种效应一方面来产业自身的集聚,另一方面来自中间投入品比较集聚的地方,通过产业间的协同集聚获得较低的生产成本和交易成本。在京津冀地区,针对北京过去"摊大饼"的城市扩张模式,国家提出非首都功能疏解政策。在顶层设计指导下,疏解政策的有效实施必然要借助产业转移为载体,实现资源要素尤其是"人"的疏解转移,以缓解北京近年来人口规模过大的压力。在产业转移过程中,不能将产业简单地从一个地方搬迁到另一个地方,应该从京津冀地区产业结构转型升级的角度,抓住北京非首都功能疏解政策的机会,在实施产业转移过程中实现产业之间的协同,并通过空间的重新布局实现彼此之间集聚的协同,进而提升产业结构的发展质量和水平。由于北京非首都功能疏解的产业主要集中在二、三产业,因此,本书旨在通过研究生产性服务业与制造业的协同集聚,为解决北京"大城市病"问题提供一种有效的解决途径。

2. 生态环境污染严重需要通过产业协同实现转型升级

在《京津冀协同发展规划纲要》颁布之前,北京、天津和河北省在经济发展过程中,很少就京津冀地区性的环境污染进行正式的合作和治污。在传统地区生产总值(GDP)政府绩效考核框架下,各地为了保持经济增速和 GDP 总量的增加,主要采取发展工业的方式提升当地的经济发展水平。由于存在经济发展的外部性问题,北京、天津和河北三地在生态环境保护方面缺乏必要的沟通协调,利益补偿机制不健全,外部不经济问题无法通过内部化进行解决,导致京津冀地区生态环境不断恶化。

近年来,该地区先后多次发生空气重污染的情况,波及范围大、污染程度重、持续时间长成为影响社会经济发展的严峻问题。通过排查发现,污染源主要集中在经营性燃煤小锅炉、未正常使用污染防治设施、未按照要求停产或限产、道路及工地扬尘、居民散煤及餐饮油烟排放等。当然,京津冀地区的污染情况也受到该区域气温、风向、地理经纬度等自然因素的影响,但更多与该地区的产业结构不合理、发展水平不高有直接的关系。京津冀地区工业基础比较完善,是我国华北地区的重要工业生产基地,在传统生产条件下造成生态环境污染必然发生。如果不调整产业结构,实施产业在京津冀地区的合理空间布局,仅仅采取停产或限产的方式来督导环境污染防控,只能治标而不治本。2017 年天津的经济增长率只有 3.6%,打破了多年来快速增长的趋势,进入历史最低点。这与当年天津市委和市政府采取铁腕治污措施有直接的关系,尤其是进入秋冬季以来,政府采取的限产和停产措施,导致经济增速直接下滑。通过政府直接性的行政干预,属于一种硬着陆的方式,对经济发展造成的损害比较直接。由此可能带来财政收入减少、社会基础设施投入减少、就业率降低等一系列问题,直接影响经济的长远发展和社会的长期稳定。因此,治理京津冀地区的环境污染问题,应该从产业结构调整优化入手,通过优化产业结构和产业空间布局,实现治污的长期目的。而优化产业结构水平,重点是大力发展第三产业和推进第二产业转型升级。通过推进生产性服务业与制造业的协同集聚,一方面,生产性服务业主动融入制造业中,可以提升制造业的知识技术水平,改进生产制造环节,提高生产效率,降低环境污染水平;另一方面,制造业以生产性服务业为重要的中间投入品,协同集聚产生的需求市场扩大必然带动生产性服务业获得规模效应,进而推动生产性服务业的转型升级和提供更加高水平的服务。从这个角度来看,治理京津冀地区生态环境污染,也需要从推进生产性服务业与制造业协同集聚的角度进行研究。

3. 协同发展水平低需要通过产业协同集聚找到突破口

在国家提出《京津冀协同发展规划纲要》之前,京津冀地区内部个体发展以及内部个体之间的联系程度都不尽如人意,主要表现在京津冀地区协调发展水平不高。由于测度地区协同发展程度的制约因素很多,从不同角度进行测度的指标也比较多,限于数据收集的可获得性,以及论文分析的需要,本书利用 2000—2016 年的数据,对京津冀地区与长三角区域 GDP增长率相关系数进行了比较分析,进而分析各区域内部个体之间的经济发展相关系数。一般而言,当区域内部个体之间的 GDP 增长率相关系数越高,说明区域内部个体之间的联系程度越高,一体化或者协调发展程度也越高。具体测算结果如表1-2和表1-3所示。

表1-2　2000—2016年京津冀地区内部个体之间GDP增长率相关系数

地区	北京	天津	河北
北京	1	-0.173	0.544
天津	-0.173	1	0.55
河北	0.544	0.55	1

资料来源:根据京津冀各地区统计年鉴数据整理所得。

表1-3　2000—2016年长三角区域内部个体之间GDP增长率相关系数

地区	上海	江苏	浙江
上海	1	0.734	0.932
江苏	0.734	1	0.816
浙江	0.932	0.816	1

资料来源:根据京津冀各地区统计年鉴数据整理所得。

比较分析可知,京津冀地区内部个体之间的GDP增长率相关系数远远低于长三角区域的相关系数,而且北京、天津之间的相关系数竟出现负值的现象。在测算京津冀地区内部个体之间的GDP增长率相关系数时,数据选取时间较长,从2000年到2016年长达17年,在实施京津冀协同发展之前,由于北京与天津之间的产业和资源争夺要大于两者之间的协同合作,因此彼此之间的相关系数出现负值的现象,这导致京津冀地区内部个体发展的不和谐。由于北京与天津作为直辖市分别具有较大的经济体量,如果没有合理地解决好彼此之间的竞合关系,定位好各自城市的发展方向,未来协同发展必然面临严峻的挑战。随着《京津冀协同发展规划纲要》的颁布实施,北京、天津两地的城市定位逐渐明晰,两者在产业和资源要素发展方面的合作范围和合作程度也不断提升,从长远来看必然呈现良好的协同发展态势。通过比较北京与河北以及天津与河北的相关系数可知,北京与河北的协同关系要大于天津与河北的协同关系,从一定程度上说明天津与河北在某些产业方面存在较大的竞争。另外,随着京津冀协同发展战略的实施和北京非首都功能疏解政策的铺开,北京被划到疏解范围的产业会陆续向河北省雄安新区转移,这必然在一定程度上造成天津与河北在承接北京产业转移方面的争夺效应。如何正确处理好京津冀地区协同发展中的产业空间转移关系,提升京津冀协同发展的质量和水平是一个急需解决的重要问题。

京津冀协同发展水平低于长三角地区,原因可能涉及多个方面,包括地区间的基础设施水平、社会保障水平、交通设施水平等方面存在显著的差异。但是影响个体之间 GDP 增长率相关系数的一个重要因素是产业结构的一体化发展水平。长期以来,京津冀地区城市之间产业结构的同质化现象比较严重,尤其体现在制造业领域。北京作为国家首都,为了提升经济总量水平,在资源要素方面与天津、河北存在激烈的争夺效应。而天津、河北依靠工业发展的历史积淀,拥有比较完善的工业体系,由此造成京津冀三地之间的重复建设和资源浪费现象非常严重。另外,在生产性服务业方面,北京在原有服务业发展的基础上,以 2008 年奥运会为契机,大力发展服务业尤其是高端生产性服务业和生活性服务业,在资源要素方面对天津和河北造成了强烈的"虹吸效应",大量高端资源要素如高科技人才等流向北京,造成天津、河北两地与北京在生产性服务业发展方面形成较大的鸿沟。从这个角度看,从推进产业协同发展的角度提高京津冀地区内部个体之间 GDP 增长率的相关系数,首先需要推进生产性服务业与制造业的协同集聚,只有实现产业间跨区域的协同集聚,才能缩小京津冀地区间城市的发展水平,提升该地区的协同发展程度。

二、研究价值

1. 从理论层面推进产业集聚研究由单个产业集聚向产业间协同集聚延伸

由文献梳理可知,现有众多文献主要集中于对单个产业的空间分布特征进行研究,诸如对制造业的空间集聚分析、对生产性服务业的空间布局分析。另外,根据产业的上下游关系,有些学者也试着突破行业的限制,对同一产业内部关联行业的空间地理分布特征进行分析,提出行业之间的空间集聚存在相互影响的观点。但是对不同产业之间的空间分布特征,以及不同产业之间空间协同集聚分布问题研究较少。由于不同产业间的空间协同集聚既涉及不同产业之间的产业关联性研究,又包括不同产业间的空间关联性研究,研究难度相对比较大,基于此观点,本书试图通过探究产业间协同集聚的内在机理,为产业间的协同集聚作出应有的理论贡献。

2. 从实践层面探究推进京津冀协同发展的产业协同集聚途径

受历史问题的影响,京津冀协同发展的基础相比长三角、珠三角地区较弱,地区间协同发展水平不高,内部个体发展以及个体之间的联系程度都不尽如人意。产业作为国民经济发展的载体,在京津冀协同发展战略背景下,打破地区之间行政分割的"一亩三分地",推动京津冀地区产业协同发展至关重要。基于研究主题,本书重点从生产性服务业与制造业之间的内在关联出发,试图通过促进生产性服务业与制造业协同集聚,突破长期以来限制京津冀地区协同发展的瓶颈因素,有效推动北京非首都功能疏解政策的实施,进而从产业层面找到推进京津冀协同发展的有效路径。

第三节　结构安排与研究方法

一、结构安排

本书研究共包括六章内容。

第一章主要阐述本书的选题背景、问题提出与研究价值、结构安排与研究方法、创新之处。

第二章主要阐述本书研究的理论基础和文献综述。理论基础包括产业关联理论和产业集聚理论,在此基础上对制造业集聚、生产性服务业集聚以及生产性服务业与制造业协同集聚的现有相关文献进行梳理并评述。

第三章主要描述京津冀地区生产性服务业与制造业协同集聚的现状。在阐述京津冀地区概况的基础上,通过比较分析生产性服务业与制造业在产业层面和空间层面的联动,提出了京津冀地区生产性服务业与制造业协同集聚面临的制约因素和存在的现实问题。

第四章主要分析京津冀地区生产性服务业与制造业协同集聚的内在机理。先从产业联动和空间联动两个层面对产业协同集聚进行理论分析,然后通过构建理论模型,采用空间计量方法对京津冀地区生产性服务业与制造业协同集聚的内在影响因素进行检验。

第五章主要分析京津冀地区生产性服务业与制造业协同集聚的效应。

主要包括产业协同集聚的互补效应与挤出效应,产业协同集聚对城市经济增长的效应,以及雄安新区的设立与京津冀地区生产性服务业与制造业协同集聚的相互关系。

第六章主要为本书的研究结论、政策建议与研究展望。

二、研究方法

本书主要采用如下研究方法:

1. 要素分解方法。本书运用"柯布—道格拉斯"生产函数,对生产性服务业与制造业的生产要素进行分解和重组,发现两者在要素投入方面存在供求关系,进而构建联立方程模型,分析影响因素。

2. 空间计量方法。本书以 Venables(1996)的垂直关联模型为基础,从产业的需求关联和成本关联两个角度出发,分析生产性服务业与制造业在空间分布和区位选择方面的协同关系。在确定计量模型时,考虑到空间依赖性和空间自相关特征,利用空间计量方法对京津冀地区生产性服务业与制造业协同集聚的内在机理和影响因素进行论证分析。

3. 门限回归方法。本书按照 Hansen(1999,2004)提出的面板数据门限模型分析方法,把城市人口规模指标作为门限变量,实证检验生产性服务业与制造业协同集聚对城市经济增长的影响效应。

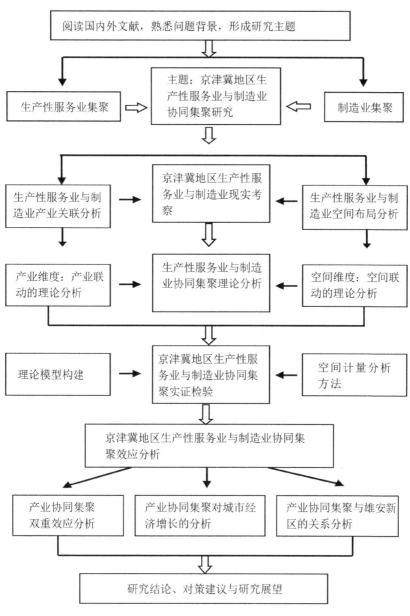

图1-1　技术路线图

资料来源:作者整理。

第四节 创新之处

本书的创新之处主要体现在以下三个方面：

1. 在对京津冀地区生产性服务业与制造业协同集聚的产业联动分析中,避开传统的"需求遵从论""供给主导论""互动论"等研究方法,运用"柯布—道格拉斯"生产函数,采用要素分解重组的方法从产业间生产要素投入方面挖掘两者之间的互动关系,实现研究方法方面的创新。

2. 在分析生产性服务业与制造业协同集聚的内在机理时,首先从产业联动和空间联动的视角分析各自的内在动力,然后通过制度安排实现彼此间的互动传导,提出存在一个均衡的交易成本,使得生产性服务业与制造业协同集聚度达到最优。

3. 在研究京津冀地区生产性服务业与制造业协同集聚效应时,采用门限回归方法实证检验生产性服务业与制造业协同集聚对城市经济增长的影响,提出当城市人口规模位于 778.26 万~1863.57 万人时,产业协同集聚对城市经济增长的推动效应最大,为城市发展规模提供了一个衡量标准。

第二章

概念界定、理论基础与文献综述

第一节　相关概念界定

一、制造业

制造业主要指按照市场需求对物料、能源、工具、技术、资金等资源的加工过程,使之转化成可供使用和利用的大型设备、工业品以及生活消费品等。从制造业的生产环节来看,主要包括原材料采购、产品制造、研发设计、仓储运输、市场营销等多个流程,但核心业务集中在生产制造环节,其他环节都属于辅助实现再生产和生产扩大化的服务性环节,即本书论述的生产服务环节。根据国民经济行业分类与代码(GB/T 4754-2017),制造业主要包括 31 个大类,191 个中类,525 个小类。本书在具体分析制造业的相关数据统计时,主要采用 01 农副食品加工业、02 食品制造业、03 酒、饮料和精制茶制造业、04 烟草制品业、05 纺织业等 31 个大类,具体可以参见表 3-7。制造业按照要素密集度构成,可具体分为劳动密集型、资本密集型和技术密集型制造业。当前,我国的制造业主要由两部分构成,一部分是传统制造业,另一部分则称为新兴制造业。对于传统制造业,主要通过融入先进技术提升改造制造业,使之转换为先进制造业,比如数控机床、航天设备、工程装备等。对于新兴制造业,主要指通过采用先进高科技而衍生的新兴制造领域,比如智能制造、增量制造、微纳制造等。随着服务型经济的兴起,服务型制造逐渐成为一个新的热点,服务业与制造业融合发展成为当前提升制造业竞争力的有力手段,这也是本书研究生产性服务业与制造业协同集聚的重要原因。

二、生产性服务业

生产性服务业最早存在于制造业的生产服务环节,包括生产前期的研发设计环节、物资采购环节等,以及中后期的产品设计、物流配送、市场营销、法律咨询等众多环节。随着分工的不断加深和专业化程度的不断提高,生产服务环节逐渐从制造业独立出来,并形成了规模化发展趋势,并形成了新的产业,即生产性服务业。从两者的渊源来看,生产性服务业独立并快速膨胀发展,主要是基于制造业市场的需求,即制造业所创造的巨大的市场需求推动了生产性服务业的快速发展。从这个角度可知,制造业对生产性服务业劳动作用比较大。另外,生产性服务业从知识和技术密集度构成来看,与制造业的分类方法基本一样,也存在劳动密集型、知识密集型和技术密集型三种类型。其中,批发与零售行业、物流仓储等行业属于传统的生产性服务业,劳动力在生产要素中占据主导地位。金融业、信息通信、科学研究等行业则属于知识技术密集型行业,高级生产要素诸如人力资本、高新技术等在生产过程中占据主导地位。

在生产性服务业范畴研究方面,本书参考国民经济行业分类与代码(GB/T 4754-2017)的规定,结合国家"十三五"规划内容,将信息传输,计算机服务与软件,批发与零售,交通运输,仓储,邮政,金融,科学研究,技术服务,地质勘查,租赁,商务服务等设定为生产性服务业,该范围所涉及的具体行业比较广泛,能够比较客观地满足分析生产性服务业与制造业协同集聚的要求。

三、产业协同集聚

在分析京津冀地区生产性服务业与制造业协同集聚的过程中,首先需要对产业协同集聚的概念进行厘清。

1. 产业协同集聚与产业集聚的联系和区别

产业集聚是一种早期的经济发展形式,早在 18 世纪 50 年代世界各地就出现了经济在地理空间上集中的现象。到了 20 世纪 70 年代,随着经济集聚范围和规模的扩大,在西方发达国家逐渐出现地理空间上集聚发展的新产业区,产业集聚的程度不断加强,标志着产业集聚发展进入一个新的发展阶段。进入 21 世纪,全球化进程不断加快,产业集聚现象已经突破地域限制,在全球范围内不断蔓延和扩大。在一些工业化城市(无论旧工业城市或新兴工业城市)都出现了一些产业集聚区,呈现专业化企业和相关机构分布集中的现象。随着时间的推移,这种集中程度不但没有削弱反而日显重要性。纵观我国改革开放的历程,从早期的经济特区、沿海开放城市到现在各地的开发区,一系列产业集聚区极大地促进了当地经济的发展,成为拉动当地经济快速发展的重要增长极和发展引擎。

由产业集聚的行程历程可以看出,产业集聚优先于产业协同集聚而存在。究其原因在于产业集聚最早发生在相同产业之间的具体行业内部。对空间集聚现象的系统研究始于阿尔弗雷德·马歇尔。早在 19 世纪 90 年代初,马歇尔就在《经济学原理》一书中提出了产业聚集的概念,包括外部经济、内部聚集等各种现象。马歇尔把产业集聚归结为企业追求外部的规模经济效益:一是技术外溢,即技术知识的传播和扩散是创新的源泉,通过创新激发经济不断增长,并吸引新的企业加入创新的行列;二是劳动力共享市场,即具有专业技术的劳动力集聚在一起,构成了潜在的劳动力蓄水池,随时为生产提供充足的劳动力资源;三是共享中间投入品,即产业集聚对中间投入品的消耗增加,提高了中间投入品生产的专业化水平,进而带动中间投入品生产商的集聚,反过来又促进了产业的进一步集聚。但这种集聚主要表现为相同产业之间的内在联系,包括对相同生产要素的需求、共同市场的需求以及对技术外溢的需求。因此,可以把产业集聚定义为:由于产业之间的共性和互补性等特征而产生的一种内在有机的紧密关系,为了获得共同发展,彼此之间在地理空间上相互邻近,从而获得相互支持的现象。

产业协同集聚则在产业集聚的基础上发展而来。产业协同集聚主要指不同产业间的空间协同定位,最大的特点就是参与协同集聚的两个行业分属于不同的产业,在微观领域就是指分属于不同行业的两个企业在空间布局上表现出的协同性。在产业集聚过程中,除了知识技术外溢效应外,相同产业之间的空间集聚主要来源于面临相同的供给和需求市场,通过空间集聚可以有效吸引生产要素的汇集,比如形成较为稳定的劳动力池等供给市场,以及在周边形成稳定的需求市场。而在产业协同集聚过程中,不同产业之间的内在产业关联性则是产业间存在协同集聚可能性的前提和基础。这种产业之间的内在关联性,表现在彼此之间的前向关联和后向关联。比如本书所研究的生产性服务业与制造业在空间分布上的协同性,两者在产业关联性方面主要表现为垂直关联关系,如果从产业区分的角度看,两者属于具有上下游关系的垂直关联产业。其中,生产性服务业作为制造业的中间投入品而存在,制造业则为生产性服务业提供广阔的需求市场。因此,在驱动产业空间集聚的内在因素方面,产业协同集聚与单个产业集聚存在明显的区别。正是由于不同产业间存在的产业关联性,进而在供给与需求方面形成了较为稳定的产业关系,才使得彼此之间为了获得更多的利益而采取在地理空间分布上的协同定位,这种利益如同单个产业集聚的效益,给彼此带来了外在的驱动力。

2. 产业协同集聚优势

（1）扩大产业集聚的规模效应

相较于单个产业集聚，产业间协同集聚的最大优势在于使集聚效应能够在更大范围内实现。单个产业集聚主要表现为相同产业不同行业或不同企业之间在空间上的集聚，产业协同集聚则表现为两个或两个以上产业在空间上的协同集聚或定位。如果单从产业集聚的数量来看，产业间协同集聚明显多于单个产业的集聚。从集聚规模来看，具有内在产业关联性的不同产业通过在空间分布上的协同定位，可以将单个产业集聚的规模效应扩大化，惠及每个产业中的各个行业。因此，产业协同集聚使得集聚的途径超越了单个产业集聚的特定因素，除了保留原有单个产业集聚的规模效应外，还可以在此基础上带来更大的效应。

（2）解决单个产业集聚的不经济问题

产业集聚最初源于集聚所带来的一系列好处，包括劳动力池、技术外溢、共享中间投入品等。但是随着产业集聚规模的不断扩大，在有限地理空间范围内资源要素的过度集聚反而会产生集聚不经济效应，包括租金水平的提高，交通设施拥挤带来的通勤效率低下，规模过大致使管理服务质量下降等，造成产业集聚效应的低下。如果没有及时采取有效的措施，该地区的产业集聚就会面临萎缩的局面，最终致使集聚地的企业选择外迁。产业协同集聚则可以在一定程度上避免上述危险的发生。由于产业协同集聚表现为两个或两个以上产业在相同地理空间上的协同布局，在单个产业集聚遇到自身产业集聚过度造成不经济现象时，可以通过借助集聚区内其他产业的协同集聚实现转型升级，从而获得一种新的集聚优势。另外，业间协同集聚为产业发展提供了更为广阔的供给和需求市场，利用协同集聚的空间邻近性，两大产业在合作范围和合作层面方面都优于单个产业，可以依托产业间的合作找到解决单个产业集聚不经济的途径。

（3）实现不同产业的融合发展

产业融合发展表现在两个方面,一是生产过程的融合发展。比如生产性服务业与制造业在生产服务环节的融合,通过把生产性服务业的技术嵌入制造业的生产环节,实现两者的融合。另外,也可以针对不同产业之间相同技术的合作研发实现融合发展。比如,当制造业集聚面临技术突破的天花板制约,无法从内部实现技术外溢达到技术研发上的进步,则可以通过产业协同集聚实现与生产性服务业的合作发展,在技术研发上实现资源共享,并利用生产性服务业的技术优势实现研发理念的转换,进而找到一种新的研发途径和研发模式,促进制造业的转型升级。这种现象多见于服务型制造领域,通过生产性服务业与制造业协同集聚,实现优势互补,从而提升两大产业的共同竞争力。二是产品的融合发展。在服务型制造过程中,为了提升制造业产品的市场竞争力,往往通过提升产品的服务属性满足顾客的多方面需求。以物质形式存在的制造业产品的价值不仅表现在使用方面,而且以产品为载体,附着在产品本身的服务功能逐渐成为产品延伸价值链的重要选择。比如国际商用机器公司（IBM）,笔记本电脑作为物质产品,在早期的制造加工过程中,成为企业主要的盈利点。但随着服务型经济的盛行,附着在 IBM 产品上的各种服务功能如操作系统以及对系统的维护和更新,逐渐成为 IBM 公司盈利的重要来源。国内的企业海尔,除提供日常生产所必需的电器产品,附着在产品自身的前期物流运输、安装、调试以及后期的保养、维修等一系列服务功能,也成为海尔企业延伸价值链的重要途径,并且增强了产品的市场竞争力。

3. 产业协同集聚的研究思路

在对产业协同集聚与产业集聚比较分析的基础上,本书以京津冀地区生产性服务业与制造业协同集聚为对象进行了深入研究。产业集聚从本质上属于一种空间现象,主要表现为产业为了达到一定的集聚效应,在地理空间上的一种集中布局。从运动过程来看,就是产业在空间实现转移,通过资源要素的流动从一个地方重新汇集到另一个地方,进而通过外在规模扩大获得集聚效应。在产业集聚的基础上,产业间的协同集聚与产业集聚既有共性也有差异,这一点在前边已经充分论述过。单个产业集聚的动力来源于内部相同企业为了获得一致的利益,企业之间属于同一行业或产业,彼此之间存在千丝万缕的联系,比如面临相同的需求生产市场,面临相同的中间投入品供给市场,采用相同的生产技术等,正是彼此间的相同功能和属性把单个产业中的企业集聚在一起。产业协同集聚的基础也必然来源于不同产业之间的内在联系。比如生产性服务业与制造业,在两者没有分离之前,生产性服务业主要作为制造业的生产服务环节而存在,两者在生产过程中属于垂直一体化的生产模式。随着生产服务环节的专业化程度和生产规模不断扩大,在社会分工不断深化的推动下,生产服务环节逐渐脱离制造业演化为生产性服务业,与制造业形成相互补充的两种产业,彼此之间的关系由垂直一体化演变为垂直专业化。

无论生产性服务业与制造业的内在关系如何演变,两者之间的内在产业关联成为产业协同集聚的前提和基础。如果产业之间没有必然的联系,也就不存在空间布局上的协同性。在明确产业之间内在关联的重要性基础上,生产性服务业与制造业的协同集聚更多表现为两者在空间布局上的协同性,即空间联动。一方面,生产性服务业作为制造业早先的生产服务环节,在社会分工推动下独立出来发展成为专业化的产业,但是面对的主要需求市场仍然来源于自制造业。因此,生产性服务业为了获得发展的需求市场,必然在空间布局上倾向于与制造业实现协同集聚。另一方面,制造业以生产性服务业为重要的中间投入品,从生产环节之前的物资采购、材料仓储、资本融资、产品研发到生产环节的技术指导、流程优化,以及生产环节之后的产品包装设计、市场营销、物流运输等各个环节,都离不开专业化的生产性服务业。因此,制造业为了增强自身的竞争力,也倾向于布局在生产性服务业比较发达的地区。在产业关联性的基础上,基于两者之间的需求关联和供给关联,推动了生产性服务业与制造业在空间布局上的协同集聚,这也是产业联动与空间联动之间发生传导的内在作用机制。

由于京津冀地区比较特殊,在国家顶层设计指导下,京津冀协同发展成为当前该地区的主导方向。另外,北京非首都功能疏解政策的实施以及雄安新区的设立,推动北京大量产业向周边地区转移,促进了生产性服务业与制造业在空间布局上的重新集聚。由于这些顶层设计带有明显的政府宏观指导性质,因此,在研究京津冀地区生产性服务业与制造业协同集聚时,必须把制度安排考虑在内,通过制度安排推动生产性服务业与制造业之间的产业联动和空间联动,进而实现生产性服务业与制造业之间的协同集聚。具体研究思路见图 2-1 所示:

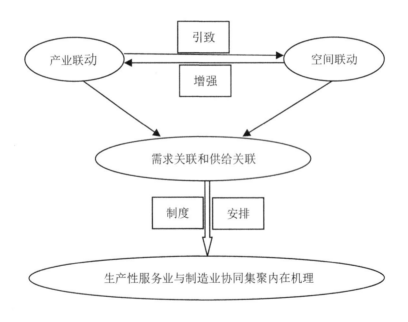

图 2-1　产业协同集聚研究思路

资料来源:作者绘制。

第二节　相关理论基础

一、产业关联理论

产业构成国民经济的主体，是国民经济的有机组成部分。产业之间存在千丝万缕的联系，研究产业之间的内在联系，对于研究生产性服务业与制造业之间的协同集聚具有重要的指导意义。

1. 产业关联理论的定义

产业关联理论又称投入产出理论，侧重研究社会经济活动中产业之间的内在技术经济联系。该理论主要通过定量分析一个国家或地区在一段时间内，社会再生产性过程中所形成的产业关联表，为经济预测、规划制定和宏观调控提供技术服务。这种产业关联表通常包括投入产出表、里昂惕夫表。从空间角度来看，国民经济由许多产业构成，每个产业内部各部分之间都存在相互联系、相互影响的关系。尽管每个行业发展规律不同，但彼此之间都存在或强或弱的联系。因此，本书认为国民经济是一个有机整体，产业之间只存在或强或弱的联系，绝对分割的产业是不存在的。

2. 产业关联理论的产生

关于产业关联理论的研究，最早可以追溯到 18 世纪 80 年代，当时法国经济学家魁耐(Quesnay)通过采用经济表(1785)对工业经济之间的贸易关系进行了详细的研究。一个世纪以后,法国经济学家瓦尔拉在魁耐的研究基础上创立了一般均衡理论。瓦尔拉把单位生产活动中投入的劳动力和资本视作生产要素,把各种所需生产要素的数量作为生产系数,进而在1单位的生产活动中追求价格、产量和生产要素的一般均衡关系。1925年华西里·里昂惕夫(Wassily Leontief)在《世界经济》上发表了《俄国经济的平衡———一个方法论研究》一文,并以此为基础提出投入产出系统,把生产、流通和消费各环节作为整体过程进行描述,形成了产业关联理论的早期成果。1936年Leontief在哈佛大学从事研究工作时,以《美国经济系统中的投入产出数量关系———均衡理论的经验运用》为题,在《经济学和统计学评论》杂志上发文,正式掀开了产业关联理论的研究热潮。1919年,Leontief以美国经济为研究对象,发表了具有多产业多部门的产业关联表,标志着现实版计量分析模型的诞生。随后,Leontief在《投入产出经济学》中,尝试用投入产出理论分析国民经济核算、人口经济增长、产业结构变动等问题。自此Leontief产业关联表和投入产出模型开始受到世人的关注,并拓展到各个领域。

3. 产业关联理论的模型

(1)投入产出表

投入产出表是进行产业关联分析常采用的一种基本分析工具,属于国民经济核算统计体系(SNA)的一部分。不同于GDP数据的发表(按年度或按季度发布),产业关联表需要搜集诸多部门的统计资料,且有些数据必须通过较长时间的特殊调查和调整才能获得,因此,往往每五年才发布一次,为了避免间隔时间太长造成数据应用的滞后性,各国相应制定了产业关联表的扩展表,即采用数学的方法向前进行推算,以满足现实生活中

对数据的应用[①]。由于本书主要研究产业之间的关联关系,因此选取产业关联表的形式如表2-1所示:

表2-1　产业关联

部门	第一产业	第二产业	最终需求	总产出
第一产业	z_{11}	z_{12}	f_1	x_1
第二产业	z_{21}	z_{22}	f_2	x_2
附加价值	v_1	v_2		
总投入	x_1	x_2		

资料来源:根据投入产出表的定义绘制该表。

(2)投入产出分析方法

投入产出分析方法是研究产业关联的重要手段,其主要用于分析生产过程中投入—产出环节的变化以及对产业结构的影响。具体而言,就是分析研究各部门产品或要素从生产出来到最终被使用的一个完整的生产流转过程。从方向来看,投入产出分析方法包括前向关联分析和后向关联分析,并在此基础上定义了感应度系数和影响力系数。

设 $\bar{B} = (I-A)^{-1}$,投入元素为 $\bar{b}_{ij}$,按照投入产出分析方法,该部门的影响力系数为:

$$T_1 = \sum_i \bar{b}_{ij} \Big/ \frac{1}{n} \sum_j \sum_i \bar{b}_{ij} (j = 1,2,\cdots\cdots,n) \tag{2.1}$$

感应度系数为:

$$S_1 = \sum_j \bar{b}_{ij} \Big/ \frac{1}{n} \sum_i \sum_j \bar{b}_{ij} (i = 1,2,\cdots\cdots,n) \tag{2.2}$$

---

①　周松兰,刘栋.产业关联度分析模型及其理论徐述[J].商业研究,2005(5):107-111

二、产业集聚理论

1. 产业集聚的内涵

18 世纪 50 年代,开始出现经济在地理空间上集中的现象,也就是早期的经济集聚现象。到了 20 世纪 70 年代,随着经济集聚范围和规模的扩大,在西方发达国家逐渐出现地理空间上集聚发展的新产业区,产业集聚的程度不断加强,标志着产业集聚发展进入一个新的发展阶段。进入 21 世纪,全球化进程不断加快,产业集聚现象已经突破地域限制,在全球范围内不断蔓延和扩大。在一些工业化城市(无论旧工业城市还是新兴工业城市)都出现了一些产业集聚区,呈现专业化企业和相关机构分布集中的现象。随着时间的推移,这种集中程度不但没有削弱反而日益显现出重要性。纵观我国改革开放的历程,从早期的经济特区、沿海开放城市到现在各地的开发区,一系列产业集聚区极大地促进了当地经济的发展,成为拉动当地经济快速发展的重要增长极和发展引擎。

由产业集聚的形成历程和发展特点可以看出,产业集聚主要是由产业之间的共性和互补性等特征而产生的一种内在有机的紧密关系,为了获得共同发展,彼此之间在地理空间上相互邻近,从而获得相互支持的现象。协同集聚的产业通常处在同一条产业链上,属于既竞争又合作的伙伴关系。单个企业通过专业化分工和知识技术的溢出效应,实现知识、技术、信息等要素的共享,在集聚区域内获得规模经济效应,从而提升整个集聚区域的竞争力。从长期来看,这种良好的集聚规模优势又会吸引周边一些产业迁移进来,形成更大的集聚优势。

2. 产业集聚形成机理

产业集聚的重要性,已经通过理论和实践得到广泛的证实。关于产业集聚发生的内在机理和影响因素,以及产业集聚发生的外在条件或环境,也不断通过国内外学者的研究得到了进一步的深化。纵观集聚经济的发展历程,对集聚经济的研究,最早可以追溯到古典政治经济学时期的绝对优势理论(亚当·斯密)、比较优势理论(大卫·李嘉图)、农业区位论(屠能)等。20世纪80年代以来,关于集聚经济研究的新理论、新方法不断涌现出来,一些学者开始从竞争与合作、技术创新、报酬递增等多个角度探讨产业集聚发生的内在机理。接下来,本书重点从新古典经济学和新经济地理学两个领域来分析产业集聚的内在机制和形成机理。

(1)产业集聚形成机理——基于新古典经济学观点

早在古典政治经济学时期,亚当·斯密(1776)就在《国民财富的性质和原因的研究》一书中从分工协作的角度,把产业集聚描述为生产某种产品而使众多企业集中在一起形成的联合体。亚当·斯密认为,产业集聚现象发生在各行各业,是一种最为普通的经济现象,并以一名搬运工为例,提出在城市分布的集聚特征,认为该搬运工离开城市搬运工所集聚的地方,将意味着失业或得到较低的工资收入,这其实就是"劳动力池效应"。大卫·李嘉图(1817)从比较利益的角度,研究了由于产业布局集中而产生的集聚经济。

对空间集聚现象的系统研究始于阿尔弗雷德·马歇尔。早在19世纪90年代初,马歇尔就在《经济学原理》一书中提出了产业聚集的概念,包括外部经济、内部聚集等各种现象。马歇尔把产业集聚归结为企业追求外部的规模经济效益:一是技术外溢,即技术知识的传播和扩散是创新的源泉,通过创新激发经济不断增长,并吸引新的企业加入创新的行列;二是劳动力共享市场,即具有专业技术的劳动力集聚在一起,构成了潜在的劳动力蓄水池,随时为生产提供充足的劳动力资源;三是共享中间投入品,即产业集聚对中间投入品的消耗增加,提高了中间投入品生产的专业化水平,进而带动中间投入品生产商的集聚,反过来又促进了产业的进一步集聚。通过分析总结马歇尔的理论,发现马歇尔的外部规模经济理论有两个重要的前提假设:一是收益不变,二是完全竞争。但现实中劳动力市场并非完全竞争,很多情况下处于未竞争的状态。另外,外部规模经济理论在一定程度上揭示了产业集聚的成因,提出产业集聚是为了获得外部规模效应,但是对产业集聚的内在机理或影响因素没有进行深入详细的分析。而且在分析产业集聚带来的外部规模效应时,研究范畴仅限于单个产业内部行业的集聚发展,对不同产业之间的协同集聚没有深入的研究。

随着全球化进程的推进,马歇尔理论也在与时俱进,逐渐形成了新马歇尔理论。该理论认为,经济全球化不但把产业集聚的空间推到全球范围内,以全球发展优势进行产业空间集聚布局,提高了产业发展的专业化水平,而且扩大了产品消费市场,增强了获取全球经济发展成果的优势,促进了产业集聚区的经济发展水平和竞争力。一是劳动力市场发生了变化。原来的共享劳动力市场仅限于某一区域范围内,劳动力资源的质量受当地教育等各种因素的影响。加入全球化发展进程后,共享的劳动力市场扩展到全球范围内,提升了劳动力资源的可得性和共享性。二是共享的中间投入品发生了显著变化。从需求角度看,当地产业集聚对中间投入品的需求不再局限于集聚区内的中间生产商,而是在全球范围内作出更优的选择。同时,中间投入品生产商也不再局限于供应本地区的生产,而是把眼光放到全球,积极参与到全球生产网络中。三是技术知识的传播与扩散不再局限于某个区域范围内,而是充分参与到全球知识创新的浪潮中,在全球化的学习网络中保持当地创新能力的持续更新,避免创新能力的枯竭。

(2)产业集聚形成机理——基于新经济地理学观点

20世纪80年代,以克鲁格曼为代表的经济学者,把规模报酬递增、不完全竞争的市场结构作为前提假设,提出了新经济地理学理论。在迪克西特—斯蒂格利茨模型(Dixit-Stiglitz Model,简称 D-S 模型)的基础上,克鲁格曼从一种全新的思路出发,提出产业集聚并非仅由技术外溢等因素产生,他更侧重产业间经济联系的作用。该理论以规模收益递增为理论基础,综合考虑规模收益递增、向心力和离心力、自我增强机制的作用,分析了产业集聚的内在形成机制。

规模收益递增。规模收益递增(Increasing Returns)是指随着产业规模的扩大,生产效益同步提升的经济现象。具体而言,规模收益递增有两种原因,分别由外部规模经济、内部规模经济两种形式引起。由于企业自身采用先进生产技术、增加生产要素投入量等因素引起生产效率提升和生产规模扩大,称为内部规模经济效应。如果是因为企业所在的行业或区域集聚规模扩大而带来自身利益的增长,则称为外部规模经济效应。克鲁格曼非常重视外部经济带来的效应,尤其是产业在空间临近性上带来的成本的节约。

集聚力和离心力。以克鲁格曼为代表的新经济地理学主要通过研究集聚力与离心力的相互作用,对产业集聚的过程进行模拟,从而解释产业集聚的内在形成机制。该理论认为,贸易价格的高低是影响产业是否能够集聚的重要因素。当贸易成本非常高时,各地区的企业限于高昂的交易成本,一般会选择留在当地,主要服务于当地市场。当贸易成本非常低时,各地区的要素价格基本趋于均等化,也就没有必要进行地理上的迁移,因此集聚也不可能发生。只有当贸易成本处于中等水平时,企业为了获得较低的要素投入成本和溢出效应,才会形成集聚现象。具体变化过程,可以通过图 2-2 进行阐释。

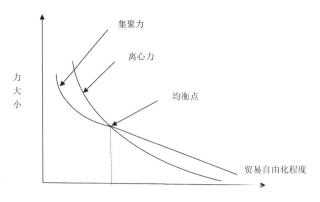

图2-2 集聚力、离心力与贸易自由化关系

资料来源:作者绘制。

随着贸易成本降低和贸易自由化的提高,集聚力与离心力都随贸易自由化的提高而下降,但是两者的下降速度是不一样的。在均衡点之前,集聚力的下降速度要大于离心力的下降速度,即当贸易成本很高时,离心力要比集聚力大得多。在该变化过程中,贸易成本的下降对产业布局没有产生太大的影响。但是当贸易成本下降到某一均衡点时,此时集聚力将超过离心力,发挥产业分布的主导作用,所有的工业会转移到这一区域。从图2-2可以看出,这一变化似乎是突变的,集聚力与离心力的交点即均衡点,成为产业集聚或分散的拐点。并且在自我累积循环作用下,这种集聚作用会不断增强,进而形成行业在地理上的集中分布。

自我增强机制。该机制最早由阿瑟(Arthur W. B.)提出。由于某种历史原因或偶然性因素,一种新技术的出现往往会占据主导地位,通过先发优势获取更为强大的竞争优势,并且这种优势会不断通过新技术的改良而不断增强。相反,如果缺乏这种新技术的使用,或者技术的产生在时间上比较滞后,那么就会失去主导优势,进而在技术的更新和改良方面陷于被动落后的地步。这种锁定效应通常称为自我增强机制。根据阿瑟的理论观点,历史上的偶发事件可能导致技术沿着特定的路径发展且不断自我增强,而失去技术优势的一方将在路径锁定的效应下长期处于不利的位置。

根据克鲁格曼的观点,阿瑟在技术方面提出的自我增强机制同样适用于产业的集群或集聚发展方面。产业区位模式的选择受多种因素的影响,其中包括资源要素禀赋、中间投入品分布现状、劳动力资源流动性、资本充裕度、交通运输状况等。在产业发展过程中,由于受到某个历史偶然性因素的影响,这种因素包括地区独特的产业发展所需的资源要素,或者是良好的人力资本,或者是传统的商业条件,又或者是当地政府在某个时间点所进行的一些制度变革等,都会对当地产业发展产生影响。一旦这种历史上偶然因素的影响引起产业发生实质性的变化并产生一定的优势,那么这种变化将沿着一定的路径不断深化,并与周边其他区域逐渐形成级差的现象,这就是产业区位发展的路径依赖特征。这种优势会使产业产生前向关联和后向关联,从而形成一种区域的专业化格局,导致周边要素不断向该区域集中,从而形成产业集群优势。

第三节　相关文献综述

一、制造业集聚

1. 制造业空间集聚特点

近年来,众多学者对制造业的空间分布状况和产业转移趋势进行了详尽的分析。在集聚的趋势方面,一些学者提出近年来制造业存在向东部发达地区加速集聚的态势。贺灿飞等(2007)利用第一次经济普查数据的成果,采用空间分布测算指标发现我国制造业高度集聚在东部沿海地区,尤其以珠三角、长三角、京津冀为主要集聚地,在华北、东北以及中部的湖南、湖北等地也存在一些成片集聚的制造业基地。梁琦(2009)、马国霞等(2007)的研究也都证实了我国制造业具有活跃在东部沿海地带的特征,并呈现进一步加速集聚的态势。现实中,虽然存在一些资源型产业按照比较成本优势向中西部转移,但是更多的大型制造业中心仍然活跃在东部沿海地区,在地图上显示为连片的特征,更大程度上发挥着产业集聚带来的区域性规模效应。文枚(2004)、范剑勇(2004)则通过第二、三次工业普查数据考察了我国制造业的集聚程度,在空间上指出制造业存在向东部沿海地区继续集聚的发展趋势,而其他地区尤其是西部等落后边缘地区的制造业集聚态势并没有得到加强,在全国范围内形成两极分化的空间分布状况。

在集聚的阶段性特征方面,范建勇、李方文(2011)基于理论与实践的层面,通过对 1998—2007 年制造业空间转移情况进行详细分析,发现制造业空间转移存在"分水岭"现象,以 2004 年为分界点,之前属于加速集聚时期,2004 年之后则发生制造业扩散,主要表现为由各个制造业集聚点向四周蔓延,并出现多个二级或三级新的集聚点,形成卫星分布的网络状。黄玖立、李坤望(2006)研究发现,我国在 20 世纪 80 年代制造业分布的区域不平衡性有所弱化,但是到了 20 世纪 90 年代,随着我国区域发展战略的提出,制造业区域发展不平衡性的特征再次凸显出来,东部沿海地区的制造业集聚水平不断上升。贺灿飞、潘峰华(2011)则基于中国省区尺度的制造业数据,进一步验证了我国产业集聚变化的阶段性趋势,认为从 20 世纪 90 年代我国制造业集聚度开始进入急速上升时期,并在 2004 年达到了最高水平。

2. 制造业空间集聚研究方法

关于制造业集聚程度的测度方法比较多,目前主要包括基尼系数、EG 指数、MHHI 指数等。具体方法如表 2-2 所示:

表 2-2　制造业集聚程度测量指标比较①

作者	数据精度	集聚指数	地理尺度	时间范围
文枚	两位数制造业	基尼系数	省域	1980、1985、1995
罗勇、曹丽莉	两位数制造业	EG 指数	省域	1993、1997、2002、2003
路江涌、陶志刚	企业	EG 指数	省域、地级市和县	1998—2003

① 贺灿飞.中国制造业地理集聚的成因与趋势[J].南方经济,2011(6):38-52.

作者	数据精度	集聚指数	地理尺度	时间范围
黄玖立、李坤望	两位数制造业	基尼系数	省域	1980、1985、1990、1997
金煜、陈钊、陆铭	工业	工业份额	省域	1987—2001
贺灿飞、潘峰华、孙蕾	两位数、三位数和四位数制造业	基尼系数	省域、地级市和县	2004
王业强、魏后凯	两位数制造业	基尼系数、SP 指数、MHHI 指数	省域	1980—2003
路江涌、陶志刚	企业	EG 指数	省域、地级市和县	1998—2003
贺灿飞、谢秀珍、潘峰华	两位数制造业	基尼系数	省域	1980—2004

3. 制造业空间集聚影响因素

首先，政策因素对制造业集聚产生重要影响。范建勇、李方文(2011)认为改革开放初期沿海地区享有的政策倾斜引致大量中西部劳动力和资金流向沿海城市，产业集聚优势在累积循环机制的作用下，像"滚雪球"一样进一步推动了制造业在东部沿海地区的集聚程度。2004 年以后出现产业集聚趋势扭转和国家的政策调整也有很大关系，比如后来国家实施的东北振兴、中部崛起、西部大开发等战略，加上东部沿海地区长期集聚造成的城市拥挤成本上升，一些产业开始出现向外扩散的趋势。贺灿飞、潘峰华(2011)从中国经济转型的特殊背景出发，发现市场化改革对制造业集聚产生深刻的影响。在从计划经济向市场经济转型的过程中，市场机制逐渐成为资源配置的决定性手段，各种市场要素在追逐利益最大化的过程中，不断流向规模效益递增的区域。同时，随着我国加入世贸组织，全球化浪潮对我国制造业的集聚变化也产生了很大影响。贺灿飞、谢秀珍(2006)指出,在全球化背景下,东部沿海地区优越的地理条件成为我国积极参与全球分工的重要窗口,引致全国要素纷纷向沿海集聚,造成我国产业尤其是制造业在东部沿海城市的再度集聚。Baietal(2004)、Poncet(2005)则认为政府的地方保护主义倾向以及产业发展规划和政策严重影响区域产业的合理发展和布局。Young(2000)、韩峰、柯善咨(2012)指出地方政府的保护主义主要通过影响空间外部性作用于制造业分布,其中包括限制了专业化劳动力的自由流动性、中间投入品的可得性等因素,阻碍了产业的集聚。Batisse 和 Poncet(2003)、白重恩等(2004)、金煜等(2006)的研究同样支持这一结论。

其次,自然禀赋对制造业集聚产生重要影响。贺灿飞等(2007)、路江涌、陶志刚(2007)从中间投入品的角度进行分析,发现自然禀赋是影响制造业集聚的重要因素,认为制造业的空间分布状况与该行业所采用的中间投入品有直接的关系。以农产品作为中间投入品的行业空间分布较为分散,而以金属矿物质为中间投入品的资源型行业空间分布较为集中。贺灿飞、潘峰华(2011)、贺灿飞、朱彦刚(2010)分别从制造业密集度出发,认为资源密集型制造业对自然资源禀赋的依赖性较大,地理分布受资源分布的制约;而技术密集型制造业和资本密集型制造业则更受发展软环境的影响较大。而对于劳动密集型制造业,具体布局则主要受劳动力资源的丰富程度和劳动力成本的影响较大。王业强、魏后凯(2007)则认为产业集中度与劳动密集度负相关,劳动力等传统比较优势是导致制造业集聚度下降的重要原因。

最后,生产成本对制造业集聚产生重要影响。吴三忙、李善同(2010)基于重心分析方法,深入研究了我国制造业的空间分布状况,认为生产成本是推动制造业发生转移趋势的重要原因。蔡昉等(2009)进一步指出中西部地区在土地、劳动力等要素方面相对具有制造业所需的成本优势或潜在成本优势,制造业会发生由东部沿海地区向中西部地区转移的趋势。林理升、王晔倩(2006)则通过运用新经济地理分析框架发现制造业之所以集聚在东部沿海地区,主要受运输成本差异的影响。

除了上述影响因素之外,制造业集聚还受到其他因素的影响。金煜等(2006)从经济政策和经济地理的角度,运用新经济地理分析框架讨论了我国工业经济的影响因素,指出经济开放度、市场容量、城市化程度等因素与工业的集聚程度和地理分布密切相关。李君华、彭玉兰(2010)提出知识溢出效应对制造业集聚的作用也不可忽视。黄玖立、李坤望(2006)、冼国明、文伟东(2006)则指出对外贸易、外商投资等因素对我国制造业集聚分布产生重要影响。马国霞等(2007)通过设定产业集聚指标测算制造业空间集聚程度,认为规模外部经济和垂直关联产业之间的投入—产出关系是制造业发生集聚的内在机制。刘修岩、何玉梅(2007)则提出市场潜能等因素也会对制造业集聚产生影响。

二、生产性服务业集聚

随着全球产业结构由工业经济向服务经济转型,生产性服务业作为现代服务经济的重要组成部分,逐渐成为国内外学者关注的焦点问题。生产性服务业最早由 Machlup(1962)、Greenfield(1966)等人提出,在早期的研究文献中,一般把生产性服务业称为生产者服务业,也有称作高端生产者服务业等。20 世纪 70 年代,Browning、Singelman 、Grubel 和 Walker 根据生产性服务业的性质,从生产环节对生产性服务业的概念和内涵有了更深一步的认识,并提出生产性服务业是一种生产加工环节的中间投入要素。这种认识基本上准确描述了生产性服务业的作用,但是对生产性服务业作用的发挥方式和应用环境没有深入研究。国内学者对生产性服务业的研究稍晚,到了 21 世纪初期,李江帆(2004)、朱胜勇(2009)、盛龙(2013)等一批学者开始关注研究生产性服务业,并提出生产性服务业是作为三次产业生产的中间投入品而存在的观点。这种观点和国际上流行的观点基本一致。

1. 生产性服务业空间布局特点

生产性服务业空间分布与制造业不同,其专业化程度和市场规模大小与所在城市等级呈正向关系。在城市等级序列中,城市等级越高,相应的生产性服务业发展越成熟。Sassen(2011)认为诸如纽约、伦敦、东京等全球性城市的最大特点就是拥有发达的生产性服务业,支持着全球贸易和资本的流动。同时,这些特大城市通过大力发展生产性服务业,不但进一步提升了产业结构水平,而且在一定程度上弥补了制造业外迁所造成的经济"空心"现象,减少了经济波动带来的不利影响。Bailly(2008)也发现生产性服务业更多地集聚在一些大城市,诸如巴黎、伦敦、法兰克福等大城市,并通过多级城市体系构建生产性服务业的逐级分工。Harrington(2010)指出较高等级城市一般提供更为高级、更为专业化的生产性服务业,而城市序列中排位较低的城市一般提供诸如交通运输、商品批发零售等传统型的生产性服务业。Beyer(2006)通过研究美国大都市的生产性服务业集聚分布情况,发现在20世纪80年代高达90%的生产性服务业就业集中在大城市的都市区。Lerie(2013)则借助区位熵等指标对20世纪90年代初期北欧各国的生产性服务业进行研究,发现各国首都生产性服务业集聚量占全国70%以上。

针对生产性服务业集聚分布在城市序列等级较高的城市,充分说明生产性服务业偏好于集聚在基础设施比较完备、制度环境比较优良、地理位置比较优越的地区。Daniels(2009)认为大城市都市区之所以成为生产性服务业集聚的中心地带,是因为能够提供良好的基础设施、发达的交通信息网络、专业的知识、技术和人才。Coffey and Polese(2013)则认为生产性服务业选择布局在都市区,主要是因为可以有效地与客户面对面交流,实现易达性和节约交易成本,认为只有都市中心区才能为生产性服务业发展提供必需的产业条件。Michalaket(2015)指出生产性服务业位于城市中心区域的优势特征,包括增加面对面接触的机会,降低交易成本和搜寻成本;地理位置的临近性易于实现知识技术的外溢和共享;接近消费者市场,能够尽早获得一手消费市场信息等。阎小培等(2009)以不同城市规模的数据为基础,通过比较各城市生产性服务业的集聚发展水平,发现生产性服务业的集聚水平与该城市的发展规模有直接的正比例关系,即城市规模越大,城市等级水平越高,生产性服务业发展所外需的基础设施环境和制度环境越好,那么生产性服务业可获得性也就越高。另外,段杰等(2015)也发现中心城市的生产性服务业集聚比重明显高于其他周边城市,呈现向核心区不断集中的态势。唐环岚(2014)则认为大城市在信息交流、知识扩散和人才获取等方面优于其他中小城市,造成生产性服务业倾向于在大城市尤其是大城市的核心区集聚分布。

在分析了生产性服务业集聚的态势后,从产业生命周期的角度来看,任何产业的发展都存在集聚与扩散两种形式。当处于产业生命周期的发展上升阶段,为了获得更好的发展条件,产业一般倾向于在空间上集聚来获得外部规模效益。当产业处于生命周期的衰退阶段,产业发展的内在集聚动力减弱甚至消失,产业为了寻找更好的依附条件或需求市场,在空间布局上会出现扩散的趋势。从20世纪80年代开始,一些国内外学者开始陆续研究生产性服务业在空间布局方面的集聚与扩散演变趋势。Swan(1998)结合产品生命周期理论,从产业集群生命周期的角度出发,认为产业集聚并不会无条件地扩大下去,而是按照生命周期理论存在产生、发展、成熟和衰退期。当产业集聚发展到一定临界点,就会出现拥挤与竞争过度加剧现象,造成集聚不经济现象,最终造成集群的衰落。Scott(1988,1993)从新经济发展的需求角度出发,认为信息网络技术的兴起和快速发展使得经济发展可以在集聚的基础上,根据发展需要向周边进行扩散。对于需要面对面接触的生产性服务业仍然应该保持一定的集聚性,而对于一些可以借助信息网络就能完成服务的生产性服务业,则可以布局在大城市的边缘区域,以避免高昂的商务成本。Storper and Walker(1989)与 Swan(1998)的思想基本一致,认为服务业集聚状态建立在产业生命周期模型基础上,先后经历导入期、成长期、成熟期、饱和期和衰退期五个阶段。在产业集聚经历成熟期并开始进入饱和期后,随着企业的进一步集聚必然导致商务成本的不断上升,造成集聚的不经济,此时寻求低成本的竞争成为产业发展的最优选择。Rolf Stein(2012)则从交易方式和交易强度的角度出发,提出生产性服务业的空间布局特点与交易模式密切相关。对于能够实现标准化的生产性服务业往往倾向布局于低商务成本区域,而对于无法实现标准化需要面对面接触才能进行交易的生产性服务业则倾向于集中分布。Gad(2001)则从生产性服务业具体行业的特性出发,认为产业的集聚与分散和产业自身的经济活动规律有关。其中,金融、法务咨询等行业趋向于集中在中央商务区,而技术服务、数据处理等业务则可以借助信息网络技术实现分散布局。

2. 生产性服务业空间集聚的研究方法

研究生产性服务业集聚的方法,主要在于分析该产业的空间分布特征,包括集聚与扩散两种情况。目前关于生产性服务业集聚的研究方法多为借鉴制造业集聚,具体可以归纳为以下四种情况,如表 2-3 所示。其中,区位基尼系数、区位嫡、EG 指数多是对生产性服务业在空间分布上的集聚程度进行数据化比较,但无法在空间层面上显示产业的地理空间结构状况以及产业之间的互动情况。空间自相关分析方法,除了可以测度产业的空间集聚程度,还实现了集聚程度指标数据与地理空间展示的融合,使得生产性服务业的地理空间分布状况更加直观可视。

表2-3　生产性服务业集聚程度测量指标比较①

测度指标	指标说明	作者	研究情况
区位基尼系数	该指标用于衡量产业在地理上的空间布局情况,取值范围在0-1之间。指标值越接近于1,说明空间布局越集中。反之,越接近于0,则说明地理空间分布越分散。	宋玉婧	河北省六大生产性服务业的空间基尼系数
区位嫡	该指标主要用于测度某一产业在特定区域的相对专业化程度,也常用来反映该产业的空间集中程度。	Illeris	1991年各国首都生产性服务业的空间分布特征
		程大中、黄雯等	中国服务业的地区分布和专业化水平
		李学鑫、苗长虹	中原城市群产业分工
		宋玉婧、郑雪姣	河北省、安徽省各城市生产性服务业区位嫡
EG指数	该指标相对比较完善,考虑到产业组织差异对产业空间分布的影响,并在区位基尼系数和赫芬达指数的基础上综合测度产业的空间结构情况。	Ellison、刘惠敏	美国制造业空间分布,北京生产性服务业空间分布
空间自相关分析	该指标属于空间分析方法,主要用于测度一个地区某种产业结构集聚程度与邻近地区相同产业结构集聚程度的相关性。	赵群毅、周一星	北京都市区生产性服务业的空间结构
		邱灵	北京市生产性服务业空间分布以及两者加总的分布状态
		胡丹	北京市制造业与生产性服务业空间自相关分析

① 李松庆.生产性服务业的空间布局研究:文件综述与展望[J].广东工业大学学报,2011(10):16-21.

3. 生产性服务业空间集聚影响因素

关于生产性服务业集聚的影响因素,多数学者是以 Marshall(1920)、Webb(1929)、Hoover(1948)、Potter(1990,1998)的集聚理论为基础,把集聚的动因归结为获得外部经济。英国学者 Allende(1970)通过调查多伦多、伦敦、悉尼等城市事务所,认为企业集聚是为了获得近距离接触顾客、上下游相关联企业、政府机关等便利条件,以利于决策者能够作出更为科学的判断。Dniels(1985)认为信息网络技术的发展使得企业之间的沟通联系更为畅通,但是传统、威望和习惯等人为因素都在无形中影响人们对企业集聚地的选择,并且大部分倾向于把办公场所安置在一些城市的中央商务区,以便共享发达完善的基础设施。Leris(1989)认为生产性服务业集聚的原因在于能够共享劳动力蓄水池,以及获得前后相关联企业合作的机会,降低交易成本。Senn(1993)认为经济环境中存在的不确定性和风险,是生产性服务企业加强空间集聚的重要原因,通过空间区位的集群布局,增强彼此之间的联系,实现风险共担并提高市场交易的确定性。Naresh and Gary(2001)从供给和需求的角度,对金融服务业的集聚机理进行了分析,发现集聚不但可以获得专业化的共享劳动力,而且可以在金融集聚区获得良好的社会声誉,享受良好的企业发展环境,降低获取行业信息的成本。D. Keeble 和 L. Nacham(2001)认为生产性服务业追求集聚的重要原因在于,集聚有利于创造良好的学习环境和创新环境。Rolf Stein(2002)则认为生产性服务企业在空间分布上的邻近性,主要是基于一种社会文化的认同感,其中包括相同的价值观、相同的企业经营理念和长期的信任关系,这种共同的社会归属感使企业选择在空间上实行集群分布。

国内众多学者也对生产性服务业集聚机制进行了深入研究。阎小培、姚一民(1997)以广州服务业为研究对象,通过分析该行业的空间分布特征,认为政策在企业空间布局中起着重要作用,这与西方的区位理论有很大的区别。但斌等（2008）把生产性服务业分为三种集聚模式，认为每种集聚模式后面的动力或机制也不尽相同。一是与制造业实现协同集聚的生产性服务业集聚动力主要来源于专业化的分工和交易成本的降低；二是位于中央商务区的生产性服务企业的集聚动力主要来源于获取外部的规模经济和范围经济；三是按照分工实现体系化集聚的动力主要来源于创新环境和创新机制的共享和扩散。赵群毅、谢从朴（2008）以北京都市区的生产性服务业为研究对象，采用问卷调查和企业访谈的方法，对企业的空间区位选择进行了深入研究，发现当地政府力量（包括提供的优惠政策、行政审批效率等）在企业区位选择中发挥着重要的影响作用。

三、生产性服务业与制造业协同集聚

目前，关于产业集聚的研究主要集中在单个产业的空间分布，诸如对制造业的空间集聚特征或者生产性服务业的空间集聚特征分析。根据产业的上下游关系，有些学者也试着突破行业的限制，对同一产业内部相关联行业的空间地理分布特征进行分析，发现行业之间空间集聚存在互动性和协调性。但是对不同产业之间的空间分布特征，以及不同产业之间的协同集聚机理则研究较少。由于产业间协同集聚涉及不同产业之间的产业关联性和空间关联性，研究难度相对于单个产业集聚比较大，但对于城市产业结构的多样化发展却具有十分重要的意义，因此成为本书重点研究的对象。目前关于产业协同集聚的研究主要集中于两种思路：一是从理论角度对产业协同集聚进行分析，二是从实证检验角度对产业协同集聚进行分析。

1. 关于产业协同集聚的理论分析

生产性服务业与制造业协同集聚最早可追溯至 Alfred Marshall

（1890），Marshall 考察了不同行业企业在地理空间上的"杂居"问题，但仅限于对杂居现象的直观描述，对于不同行业之间在空间布局上的互动性没有进行深入的探究。Ellison 和 Ulaeser（1986）从产业协同集聚的微观机制出发，发现多样化产业倾向于协同集聚，并认为产业协同集聚源于马歇尔关于集聚的三大要素即共享劳动力、共享中间投入品和知识扩散的作用。Venahles（1996）则基于"需求关联"和"成本关联"对上下游产业在空间地理上的区位选择进行了深入研究，提出了垂直关联的产业集聚模型。Jacobs（1969）从集聚经济外部性理论出发，阐述了城市产业结构的多样化特征，认为不同行业之间存在协同集聚的现象，并提出知识可以在不同行业间实现共享。此后，生产性服务业与制造业之间的协同集聚研究逐渐成为产业协同集聚研究的重点。

近年来，国内学者对生产性服务业与制造业的协同集聚研究主要从产业分工、产业互动的角度来研究两者在空间上的布局关系，同时也开始借鉴国外学者的一些方法，以新经济地理学模型为理论基础对产业协同集聚的原因进行了深入分析。高峰、刘志彪（2008）认为外部经济是推动产业协同集聚的主要因素，通过相关产业和支援性产业的协同集聚提升产业集群内的知识水平和竞争能力。陈国亮（2010）利用新经济地理学模型对生产性服务业与不同形态的制造业协同集聚进行研究，发现两者在空间分布上既存在互补效应也存在一定的挤出效应。刘志彪（2006）则从产业结构调整的视角，提出生产性服务业与制造业的协同集聚，能够促进制造业结构的调整优化，提升制造业的发展效率。高传胜（2006）在分析"长三角"制造业竞争力逐渐弱化的现实困境下，提出生产性服务业与制造业不协调是主要原因，亟须创新发展思路促进两者协同集聚。陈宪、黄建锋（2015）通过研究生产性服务业与制造业在发展过程的历史演进过程，以及两者在现实发展中的相互促进关系，提出两者的协同集聚源于彼此之间的分工和密切合作。陈建军等（2016）提出产业协同集聚是推进产业融合、促进融合创新的平台,通过产业间协同集聚能够增进新常态下的生产效率,使得发展动力由要素驱动和投资驱动向创新驱动转变。

2. 关于产业协同集聚的实证分析

一是提出产业协同集聚关系的存在性。吉亚辉、段荣荣(2014)利用垂直联系模型(CPVL模型)对我国2006—2010年各省级层面数据进行实证分析,发现生产性服务业与制造业存在协同集聚关系。张益丰、黎美玲(2011)采用区位熵指标对我国各省数据进行计量分析,同样发现生产性服务业与制造业之间的集聚存在很强的协同关系。王硕、郭晓旭(2013)在两者存在强烈正相关关系的基础上,提出应借此机会重构产业结构。祝佳(2015)运用空间经济学对我国285个城市生产性服务业与制造业空间分布关系进行实证分析,发现这种协同集聚关系主要分布在珠三角、长三角和京津冀地区。胡艳、朱文霞(2015)发现生产性服务业与制造业有显著的协同定位效应,而且这种协同定位效应能够有效促进城市的经济增长。沈玉芳、刘曙华(2011)指出,"长三角"地区生产性服务业的集聚发展,能够与现代制造业的集聚发展实现高度匹配,形成有竞争力的生产性服务业产业集群和产业结构。Raff和Ruhr(2012)从外商直接投资(FDI)对生产性服务业集聚与制造业集聚的影响入手,发现生产性服务业的外商直接投资往往在时间和空间上存在追随制造业外商直接投资的特征,得出两者在空间布局方面存在一定的协同集聚性。

二是提出制造业倾向于布局在生产性服务业比较集聚的地方。Coffey和Bailly(1993)发现生产性服务业的发展程度对制造业的空间重构起着重要作用,某一地区如果生产性服务业发展滞后,该地区的制造业一般发展缓慢,甚至存在向其他地区寻求更好发展环境的趋势。Selya(1994)和Richard(2002)分别引用中国台湾地区和美国的样本数据进行实证分析,发现制造业的空间集聚分布受到生产性服务业发展的影响,大型制造企业一般偏好于布局在生产性服务业比较发达的区域。Andersson(2006)指出制造业以生产性服务业为中间投入品,为了获得较低的生产成本,制造业空间布局直接受生产性服务业的空间分布状况影响。Desmet 和 Fafchamps(2005)利用美国郡县级区域数据得出了与 Andersson 一样的结论,认为生产性服务业的集聚程度要高于制造业的集聚程度,并且对制造业的空间集聚分布产生较大的影响。江静等(2007)和赵伟、郑雯雯(2011)分别从生产性服务业与制造业的关系出发,通过对地区和行业的面板数据进行计量分析,发现生产性服务业的集聚发展能够有效提升制造业的生产效率,增强制造业的竞争力。

三是对产业协同集聚的影响因素进行了详细分析。Andersson(2006)通过分析瑞典生产性服务业与制造业集聚的关系,发现两者协同集聚的主要原因在于两个产业之间存在很强的投入产出关系,在产业结构上表现为垂直关联关系。李强(2013)提出城市中存在使协同集聚效应最大化的均衡土地租金,非均衡点的租金都会降低生产性服务业与制造业两者的协同集聚水平,同时提出城市规模和空间距离也是影响两者协同集聚水平的关键因素。陈建军、陈菁菁(2011)发现城市规模对生产性服务业与制造业的协同集聚程度有重要的影响。规模较大的城市往往侧重于发展高端生产性服务业,并通过生产性服务业与制造业的融合互动发展,实现对制造业生产效率和结构水平的提升。规模较小的城市生产性服务业发展相对缓慢,对制造业效率的提升作用不大。陈国亮、陈建军(2012)提出产业协同集聚并非必然发生,而是存在一个限值。当商务成本低于这个限值,生产性服务业与制造业才会发生协同空间定位效应;商务成本一旦超过这个限值,产业就会出现拥挤效应,致使扩散效应大于集聚效应。

另外,陈晓峰、陈昭锋(2014)通过构建产业协同集聚指数,对我国东部沿海地区生产性服务业与制造业协同集聚水平进行实证分析,发现协同集聚度存在明显差异,指出生产性服务业集聚对制造业集聚存在推动作用,但制造业集聚对生产性服务业集聚的需求拉动作用不明显。吉亚辉、甘丽娟(2015)也发现存在显著的差异,认为原因在于制造业的类型不同。由于生产性服务业属于知识密集型行业,相较于劳动密集型制造业和资本密集型制造业,生产性服务业与技术密集型制造业的协同集聚程度更明显。

四、文献评述

1.生产性服务业集聚理论研究有待深入

关于产业集聚的研究,起初开始于对工业即制造业的空间布局研究。因此,从时间来看,制造业集聚特征要先于生产性服务业集聚。另外,生产性服务业源于制造业的生产服务环节,在制造业实现产业集聚的过程中,生产性服务环节其实也在一定程度上实现了集聚,比如生产服务环节规模的扩大产生了外在规模效应等。随着社会分工的不断深化和生产服务环节专业化程度的提高以及生产规模的扩大,生产服务环节开始脱离制造业的生产环节,并经过专业化程度的进一步提升和生产规模的继续扩大,逐渐成为一种新的产业组织形式。从这个角度分析,生产性服务业集聚实质上以制造业集聚为基础衍生出来。既然现实中存在一定的依附关系,那么在对生产性服务业集聚与制造业集聚研究的文献研究中,也存在类似的现象。无论从研究广度还是深度方面关于制造业集聚的文献都比较多,其中包括各种测度制造业集聚程度的指标和研究方法等。由于生产性服务业源于制造业,并与制造业在生产环节存在紧密相连的关系,因此学者在对生产性服务业集聚研究时,往往采用制造业的研究指标和方法对生产性服务业集聚程度进行测度。虽然能够在一定程度上反映该产业的空间集聚程度,但忽略了两大产业之间的属性,因此对生产性服务业集聚的研究存在一定的误差。鉴于生产性服务业产品的服务属性以及知识技术密集型特征,仍需探究影响生产性服务业集聚的外在影响因素,并通过对制造业研究指标和研究方法的改进,建立更加适应生产性服务业特征的研究范式。

2. 产业协同集聚研究有待拓展

梳理生产性服务业与制造业协同集聚的现有文献可以发现,相较于单个产业的集聚研究,比如制造业集聚或生产性服务业集聚研究,无论在研究范围还是研究深度方面,都存在明显的不足,需要从理论层面和实践层面进行深入研究。另外,相比国外研究,虽然国内学者涉足生产性服务业与制造业协同集聚研究的时间不长,但是近年来研究呈现井喷趋势,无论在理论研究层面还是在实证分析层面,都表现出强劲的发展势头,产业协同集聚逐渐成为我国学术界关注的一个热点问题。但细致分析发现,现有文献研究主要集中在省级层面或某个城市区域描述上,国家层面或区域层面研究相对不是很多,尤其是对京津冀特定区域生产性服务业与制造业协同集聚研究并不多见。党的十八大以来,随着京津冀协同发展上升为国家区域发展战略,京津冀地区制造业空间布局发生新的变化,生产性服务业空间集聚也表现出新的特征。两大产业之间的空间布局是否存在一定的协同性?如果存在,那么彼此之间的空间协同布局即空间协同集聚的内在机理是什么?这种内在机理是否与特定区域存在一定的绑定关系?尤其在京津冀协同发展和北京非首都功能疏解政策的实施背景下,京津冀地区生产性服务业与制造业在区域内实现产业转移的过程中,两者是否存在空间重新布局的协同性,以及两者协同布局的内在机理是什么?这些都需要进行深入研究。另外,产业发展的协同集聚性既包括产业层面的协同性,又包括空间层面的协同性。从产业层面来看,主要体现在产业关联方面,例如上下游之间的产业关联性,而空间层面的协同性主要体现在产业空间布局的邻近性。产业层面与空间层面的集聚有什么关系？彼此之间的传导机制是什么？这些都需要深入研究。

因此，本书结合我国经济转型的特殊背景和国家区域发展战略，在分析生产性服务业与制造业协同集聚现象时，将重点从当前我国所处的阶段性发展特征出发，分两个层面详细分析京津冀地区生产性服务业与制造业协同集聚的内在机理和集聚效应。

第三章

京津冀地区生产性服务业与
制造业协同集聚现状

第一节　京津冀地区概况

京津冀协同发展上升为国家重要发展战略,其重要性不仅关乎京津冀地区发展,而且直接关系到国家区域发展战略全局,京津冀将成为国家未来发展的重要增长极和动力引擎。因此,以生产性服务业与制造业协同集聚为抓手,通过产业层面和空间层面推进京津冀协同发展将具有至关重要的现实意义。

一、地理资源条件

京津冀地处环渤海区域,与珠三角、长三角地区共同构成我国东部沿海发展的三大都市圈,承担着我国"三北"地区快速发展的引领带动作用。京津冀地区总面积183,704平方千米,常住人口约1.1亿人。从区域内部空间布局看,京津冀地区属于嵌套型结构,河北省环抱京津两地,北京、天津嵌套于河北省内,特殊的地域邻近关系降低了地区间的交易成本,更有利于推动资源要素的合理流动,为京津冀地区生产性服务业与制造业协同集聚奠定了良好的地理基础。从区域外部所处空间布局看,京津冀地区位于环渤海区域的中心地带,还是我国华南、西南与"三北"地区联系的中间地带,发挥着我国经济由东向西和由南向北扩散的枢纽作用。

从资源条件看,京津冀地区的港口优势非常明显。在环渤海区域,沿线分布着天津港、京唐港、曹妃甸港、秦皇岛港、黄骅港等众多港口,是我国东部沿海重要的物流港口基地。随着"一带一路"倡议的实施,作为"一带一路"发展的节点,港口条件的优势将得到更大的发挥,尤其是我国内陆港的建立,将极大带动中部地区、西部地区和"三北"地区物资的加速流动,从全国层面上扩大我国的对外开放,拉动全国经济的发展。但从土地、水资源看,京津冀地区面临着与珠三角、长三角一样的发展困境,地区人均水资源量远低于全国平均水平。另外,从地理位置可以看出,北京、天津属于直辖市,土地面积小,并且内嵌于河北省内,但是经济体量和人口密度大,造成京津冀地区土地资源非常紧缺,三地的人均土地面积分别只有0.08公顷、0.08公顷、0.27公顷,远远低于全国的人均水平。从这个角度来看,实现京津冀协同发展战略,重点应从提升地区的产业结构水平和发展质量方面找经济发展动力,而不应采取"摊大饼"式的粗放型扩张方式来获得发展。基于此,本书提出产业发展应走集约式的道路,即通过推进生产性服务业与制造业的协同集聚,一方面可以有效提高京津冀地区有限土地空间的利用效率,另一方面能够有效提高京津冀地区的产业结构水平和经济发展效率。

二、地区经济发展

2017年,国家在供给侧结构性改革的推动下,宏观调控措施得当,市场机制在资源配置中的决定性作用逐渐发挥出来,市场活力进一步得到释放,整体经济呈现稳中向好的发展势头,为促进国家迈向高质量发展奠定了良好基础。具体来看,2017年全国GDP为82.7万亿元,经济发展保持6.9%的增速。

在国家经济实现稳中向好的过程中,京津冀地区在全国经济发展中的比重却出现了下降。2014年京津冀地区经济总量占全国的比重为

10.4%,到了2015年降到10.2%,下降了0.2个百分点;2016年出现进一步下降,占比变为10.02%,比2014年下降了0.38个百分点;2017年京津冀地区经济总量占全国的比重跌破10%,下降到9.9%,比2014年下降了0.5个百分点。从增速看,2017年北京增速为6.7%,河北增速为6.7%,均比全国经济增速低0.2个百分点。天津近10年来经济增速一直保持在10%以上,2016年GDP增速下降到9.1%,但仍然在全国省份经济增长中排名第四。但2017年的GDP增速由9.1%下滑到3.6%,下降了5.5个百分点,在全国省份经济增速中排在后位。

究其原因,有国家层面供给侧结构性改革的影响,但天津城市发展本身也存在很大的问题。首先,在供给侧结构性改革背景下,去产能成为京津冀地区尤其是河北省面临的重大攻坚战。由于河北省以传统的重化工业和钢铁制造业为主要发展支撑,在生产利润下降、产能过剩的倒逼机制下,为了实现供给侧结构性改革,推动产业结构转型发展,必然会对一些产能过剩的企业采取关停等措施以进行调整。其次,在国家环境污染治理的严厉措施下,为了实现经济发展由高速增长向高质量发展转型,京津冀三地政府联手制定了区域生态环境保护制度,加大对一些散乱污企业进行限期整改和关停,尤其是2017年下半年采取的雷霆措施严控环境污染源头,使得经济增速下滑和GDP总量下降。最后,天津2017年实施的主动"挤水分"也是京津冀地区经济总量下滑的一个原因。滨海新区GDP总量约占天津经济总量的50%以上,此次率先实施的"挤水分"措施,使得滨海新区GDP总量由2016年的10,002亿元下降到6654亿元,GDP总量下降幅度超过了30%。除了"挤水分",天津长期依赖重化制造业,特别是政府所属的国有企业重点投资重化制造业,而近年来重化制造业外部市场环境的不景气,直接造成天津整个制造业产业链条的震荡。因此,天津产业结构不合理,重化制造业比重过高,经济增长主要依靠投资驱动的发展模式,逐渐暴露出发展的弊端。

三、地区产业结构

近年来,京津冀地区经济总量虽然在全国比重有所下降,但是产业结构不断得到调整,2017 年前三季度,该地区产业结构比重为 4.3∶36.2∶59.5,第三产业比重比上半年提高了 1.6 个百分点。在实现产业结构趋于高端发展的同时,也存在一些不容忽视的问题。相比较珠三角、长三角都市群,京津冀地区发展相对缓慢,无论在经济体量还是发展协调性方面,都远远落后于其他两大都市群。究其原因在于京津冀地区城市定位不明晰造成地区间过度竞争,资源要素争夺战成为该地区长期以来发展的制约因素。在国家颁布《京津冀协同发展规划纲要》之前,北京与天津的城市定位经过了多次修改,但始终无法从行政体制方面突破两大直辖市之间的城市定位关系。北京为了保持北方经济中心的地位,早期在制造业方面尤其是先进制造业方面与天津展开激烈竞争。天津拥有相对完善的制造业体系,而且制造业实力雄厚,与北京在先进制造业方面存在严重的趋同现象。河北省尽管制造业基础比较完善,但是在北京、天津两大直辖市的"虹吸效应"下,大量资源要素流向北京、天津两地,造成高端资源要素尤其是人力资源要素匮乏,形成了环京津地区的贫困带。

国家颁布《京津冀协同发展规划纲要》后,北京与天津的城市定位得以明确,在很大程度上减少了彼此之间在产业结构尤其是制造业结构方面的雷同建设现象。一方面,随着北京非首都功能的疏解,北京大量产业尤其是高科技产业开始向天津、河北两地转移,为北京周边地区的繁荣发展注入了新的动力;另一方面,早期北京与河北形成的产业梯度差距,尽管在产业转移方面造成了一些对接鸿沟,但是产业结构的差异性在某种程度上形成了较好的产业互补现象。天津在承接北京高端产业转移的过程中,也根据新的城市定位不断调整自身的产业结构。天津在承接北京产业结构转移的过程中,与河北省的关系尤其是雄安新区的关系开始上升到主要层面。在这种大背景下,如何处理好天津与河北的关系、天津与雄安新区的关系,以及如何处理好北京与雄安新区的关系,逐渐成为当前的主要矛盾,这也是本书开展研究的一个重要的现实背景。

第二节 京津冀地区生产性服务业与制造业产业联动研究

生产性服务业与制造业间的关系逐渐成为国内外学者关注的焦点。其中"需求遵从论"和"供给主导论",分别从需求或供给的角度强调一方处于主导地位,另一方处于从属地位,观点比较偏颇,在此不再详述。而"互动论"和"融合论"则从动态的角度,重点分析了两者在发展过程中相互推动作用和产业融合趋势。大多数文献都是从理论层面提出生产性服务业与制造业存在互动关系,并深入分析两者之间的互动机理、模式和融合趋势,而从产业间生产要素投入方面挖掘两者之间的互动关系较少。本书运用"柯布—道格拉斯"生产函数,对两个子产业(生产性服务业与制造业)的生产要素进行分解重组,发现两者无论在产业层面还是要素投入层面都存在明显的互动关系。基于理论研究,通过构建联立方程模型,在加入外商直接投资、城市化水平和市场化水平等控制变量的基础上,运用Eviews7.0软件进行计量分析,进一步揭示了生产性服务业与制造业存在互动关系,且在不同影响因素下,两者产出存在明显差异。

一、"柯布—道格拉斯"生产函数

"柯布—道格拉斯"生产函数最初由美国数学家柯布(C. W. Cobb)和

经济学家保罗·道格拉斯(Paul H. Douglas)提出。该生产函数引入了技术资源因素,主要用来分析和预测国家和地区制造业生产系统的一种经济数学模型。一般形式如下所示:

$$Y = A(t) l^{\alpha} K^{\beta} \mu \qquad (3.1)$$

其中,Y 是制造业生产总值,$A(t)$ 表示综合技术水平,包括经营管理水平、劳动力素质、先进技术等因素。L 为劳动力投入量,K 为资本投入量。α 为劳动力的产出弹性系数,即 $\alpha = \dfrac{\partial Y}{Y} / \dfrac{\partial L}{L}$,$\beta$ 为资本的产出弹性系数,即 $\beta = \dfrac{\partial Y}{Y} / \dfrac{\partial K}{K}$。$\mu$ 为随机误差项。从"柯布—道格拉斯"生产函数可以看出,劳动力和资本是生产得以进行的两种必需要素。

根据研究目的和需要,本书从产业角度假设存在两个子产业,即制造业和生产性服务业,其中 Y_m 和 Y_s 分别代表制造业产出和生产性服务业产出,且 $Y = Y_m + Y_s$,反映了该产业($_Y$)的构成和内部分工。假设该产业($_Y$)总产出与制造业(Y_m)产出存在一个比例 $\theta(0<\theta<1)$,有 $Y = \theta Y_m$,则该产业(Y)总产出与生产性服务业(Y_s)产出也存在一个比例关系 $Y = (1-\theta) Y_s$,进而推导出生产性服务业与制造业的产出规模比例关系为 $\dfrac{Y_s}{Y_m} = \dfrac{1-\theta}{\theta}$。由此可知,生产性服务业与制造业产出存在如下关系:

$$Y_s = \frac{1 - \theta}{\theta} Y_m \qquad (3.2)$$

在明确上述两个子产业存在比例关系的基础上,接下来对"柯布—道格拉斯"生产函数按照两个子产业进行要素分解重组,具体分析如下:

令：

$$Y = A(t)_m A(t)_s (L_m^{\alpha_1} L_s^{\alpha_2})^\alpha (K_m^{\beta_1} K_s^{\beta_2})^\beta \mu_m \mu_s \qquad (3.3)$$

将该产业(Y)总产出按照两个子产业进行拆分,得:

$$Y = A(t)_m L_m^{\alpha_1 \alpha} K_m^{\beta_1 \beta} \mu_m \cdot A(t)_s L_s^{\alpha_2 \alpha} K_s^{\beta_2 \beta} \mu_s = Y_s \cdot Y_s \qquad (3.4)$$

其中,$L_m^{\alpha_1}$、$L_s^{\alpha_2}$表示该产业(Y)内部劳动力要素构成的分解;$K_m^{\beta_1}$、$K_s^{\beta_2}$表示该产业(Y)内部资本要素构成的分解。公式中综合技术水平$A(t)_m A(t)_s$,残差项$\mu = \mu_m \mu_s$。

由于制造业与生产性服务业产出存在一定的比例关系,因此将 3.2 式代入 3.4 式可得:

$$Y_s(L,K) = \frac{1-\theta}{\theta} A(t)_m L_m^{\alpha_1 \alpha} K_m^{\beta_1 \beta} \mu_m \qquad (3.5)$$

$$Y_s(L,K) = \frac{1-\theta}{\theta} A(t)_s L_s^{\alpha_2 \alpha} K_s^{\beta_2 \beta} \mu_s \qquad (3.6)$$

综合上述分析,在工业产出与生产性服务业产出之间、制造业产出与生产性服务业的劳动、资本投入要素之间,以及生产性服务业产出与制造业的劳动、资本投入要素之间都存在明显的相关性。

二、实证分析

1.数据来源与变量选取

本研究利用京津冀地区 2008—2016 年的数据进行实证分析。数据来源于历年《中国城市统计年鉴》以及京津冀地区各城市统计年鉴。考虑到数据的可得性,本研究将交通运输、仓储和邮政业,批发与零售业,金融业等行业数据作为生产性服务业代表进行分析。根据上述理论模型,本研究相应选取表 3-1 所示变量指标构造计量模型。

表 3-1 变量定义说明

变量名称	符号	测算方式
制造业产出	Y_m	制造业增加值
生产性服务业产出	Y_s	生产性服务业增加值
制造业固定资产投资	K_m	固定资产投资
制造业劳动力投入	L_m	制造业就业人员年末人数
生产性服务行业劳动力投入	L_s	生产性服务业就业人员年末人数
外商直接投资	FDI	实际利用外资额
城市化水平	Urb	非农业人口数量与总人口数量比值
市场化水平	Mar	市场化指数

资料来源:作者整理。

为消除价格因素的影响,制造业增加值、生产性服务业增加值、制造业固定资产投资、外商直接投资均以 1979 年为基期。其中,市场化指数采用樊纲、王小鲁等在《中国市场化指数——各地区市场化相对进程 2009 年报告》中所测算的结果。

2. 计量模型构建

结合现实经济运行情况,本研究选择联立方程组对生产性服务业与制造业之间的互动关系进行实证检验,以有效解决内生性问题。为减少异方差的影响,上述数据都取自然对数。具体计量模型如下所示:

$$LnY_{m,it} = \alpha_i + \alpha_1 LnY_{s,it} + \alpha_2 LnK_{m,it} + \alpha_3 LnL_{m,it} + \alpha_4 LnFDI_{it} + \alpha_5 LnMar_{it} + \varepsilon_{it}$$
（3.7）

$$LnY_{m,it} = \beta_i + \beta_1 LnY_{s,it} + \beta_2 LnL_{s,it} + \beta_3 LnUrb_{it} + \beta_4 LnFDI_{it} + \beta_5 LnMar_{it} + \mu_{it}$$
（3.8）

其中,下标 i 和 t 分别代表地区和年份, α 和 β 为待估系数, ε 和 μ 为随机误差项。

3. 计量分析

在分析生产性服务业增加值与制造业增加值的协整关系前,需要首先对该数据序列进行平稳性检验。检验结果如表 3-2 所示。

表 3-2　生产性服务业增加值与制造业增加值数据序列平稳性检验

序列名称	检验模型	ADF 统计量	5%临界值	P 值	结论
Y_m	含常数和时间趋势项	0.913721	−3.102914	0.9571	不平稳
Y_s		2.8485171	−3.546672	1.0000	不平稳
$\triangle Y_m$		−4.757054	−2.628374	0.0165	平稳
$\triangle Y_s$		−2.844486	−3.752168	0.0016	平稳

资料来源:根据京津冀各地区统计年鉴数据整理所得。

由平稳性检验可知,各序列数据本身不是平稳序列,而一阶差分序列则是平稳序列,因此,各变量序列符合一阶单整 I(1)。由于不平稳序列不能直接进行回归,我们通过 Johansen 特征迹检验,发现在 5%的水平下存在协整关系,即在 95%的概率下,有理由相信生产性服务业增加值与制造业增加值之间存在长期的均衡关系。接下来,我们对两者进行 Granger 因果检验,发现滞后 1 期、2 期、3 期的 Granger 因果检验均显示生产性服务业增加值与制造业增加值之间存在互为因果的关系(见表 3-3)。因此,可以对两者进行回归分析。

表 3-3 生产性服务业增加值与制造业增加值 Granger 因果检验

原假设	滞后期	F 统计值	P 值	结论
Y_m 不是 Y_s 的 Granger 原因	1	3.55712	0.02567	拒绝
Y_s 不是 Y_m 的 Granger 原因		5.16418	0.01764	拒绝
Y_m 不是 Y_s 的 Granger 原因	2	4.53771	0.00654	拒绝
Y_s 不是 Y_m 的 Granger 原因		4.67462	0.04172	拒绝
Y_m 不是 Y_s 的 Granger 原因	3	11.2216	0.03549	拒绝
Y_s 不是 Y_m 的 Granger 原因		22.4854	0.02361	拒绝

资料来源:根据京津冀各地区统计年鉴数据整理所得。

考虑到方程间残差的相关性,本研究采用似乎不相关回归法(SUR),也称为 Zellner 法。该方法通常将系统所包含的一系列内生变量作为一组处理,因为理论上这些变量彼此之间存在着密切联系。估计结果如表 3-4所示。

表 3-4 联立方程组回归检验结果

被解释变量:LnY_m		被解释变量:LnY_s	
LnY_s	0.368***(0.121)	LnY_m	0.572***(0.68)
LnL_m	0.029*(0.017)	LnL_s	0.176**(0.085)
LnK_m	0.626***(0.135)	$LnUrb$	−0.115(−0.267)
$LnFDI$	0.424**(0.169)	$LnFDI$	0.273*(0.158)
$LnMar$	0.613***(0.106)	$LnMar$	0.217***(0.033)
F 值	1352.435	F 值	923.1182
Adj-R^2	0.984636	Adj-R^2	0.982406

被解释变量:LnY_m		被解释变量:LnY_s	
D－W 值	1. 588725	D－W 值	2. 168137

注:根据京津冀各地区统计年鉴数据整理所得。括号里的数值表示标准差,＊＊＊代表1%的显著性水平,＊＊代表5%的显著性水平,＊代表10%的显著性水平。

从回归结果来看,整体回归效果较为理想,调整后的 R^2 分别达到 0.984636 和 0.982406,F 统计量值高度显著,除城市化水平外,各项回归系数都通过了显著性检验。

三、结果讨论

1. 生产性服务业产出与制造业产出之间存在相互促进的关系。一方面,生产性服务业产出能够促进制造业产出增长,其回归系数为 0.368,并且通过了 1% 的显著性检验,说明生产性服务业产出每提高 1 个百分点,拉动制造业产出增长 0.368 个百分点;另一方面,制造业产出能够促进生产性服务业产出增长,其回归系数为 0.572,并且通过了 1% 的显著性检验,说明制造业产出每提高 1 个百分点,拉动生产性服务业产出增长 0.572 个百分点。从回归系数来看,制造业产出对生产性服务业产出的拉动作用明显大于生产性服务业产出对制造业产出的拉动作用。这表明京津冀地区制造业发展为生产性服务业发展创造了广阔的市场需求空间,而且随着制造业水平的不断提高,这种拉动趋势会更加明显。

2. 生产性服务业与制造业互动过程中,不同解释变量对两者的影响程度存在差异。劳动力投入对生产性服务业产出的回归系数大于制造业产出。生产性服务业劳动力投入每提高 1 个百分点,拉动生产性服务业产出增长 0.176 个百分点,并且通过了 5% 的显著性检验。由于生产性服务业属于知识技术密集型行业,对专业化的人力资本投入有较大需求,随着专业化人力资本的不断投入,生产性服务业产出会呈现递增趋势。而制造业劳动力投入每提高 1 个百分点，仅拉动制造业产出增长 0.029 个百分点，说明简单劳动力投入在制造业发展中的作用正在减弱，这与目前京津冀地区信息化高速发展提升制造业领域的自动化水平有关。

市场化水平对制造业产出的回归系数大于生产性服务业产出。其中，市场化水平对制造业产出的回归系数为 0.613，明显大于对生产性服务业产出的回归系数 0.217，即市场化水平每提高 1 个百分点，将会拉动制造业产出增长 0.613 个百分点，拉动生产性服务业产出增长 0.217 个百分点。从两者回归系数比较来看，制造业领域的市场化程度明显要高于生产性服务业领域，受市场化水平的影响更大。

在外商直接投资方面，制造业产出对生产性服务业产出存在"挤出效应"。从回归系数来看，外商直接投资对制造业产出的影响系数为 0.424，并且通过了 5% 的显著性检验，即外商直接投资每提高 1 个百分点，会拉动制造业产出增长 0.424 个百分点。而外商直接投资对生产性服务业产出的影响系数为 0.273，明显低于对制造业产出的影响系数。这说明在吸引外商直接投资方面，制造业对生产性服务业存在"挤出效应"。但从全球"制造经济"向"服务经济"转型趋势来看，生产性服务业会逐渐成为外商直接投资的重点领域，并引起影响系数的逐渐上升。

固定资产投资对制造业产出有重要促进作用。固定资产投资对制造业产出的回归系数为 0.626，并且通过了 1% 的显著性检验，说明固定资产投资在制造业发展过程中仍然发挥着重要的推动作用，固定资产投资每提高 1 个百分点，就会拉动制造业产出增长 0.626 个百分点。

城市化水平对生产性服务业产出影响不明显。从地理分布经验来看，生产性服务业主要集聚于信息化比较发达的城市区域，有利于行业知识技术的交流与合作。从理论分析来看，随着城市化水平的提高，也会促进生产性服务业产出的增长。但回归结果却不理想，回归系数为 -0.115。究其原因，可能与京津冀地区整体城市化水平低，且各地区城市化发展程度不均衡有关。而且,在发展初级和中级阶段,城市化首先对消费性服务业的产出较为明显,对生产性服务业产出的影响较为滞后。

第三节　京津冀地区生产性服务业与制造业空间联动研究

一、京津冀地区制造业空间分布现状

1. 制造业区域间分工现状

为了测度区域间产业结构差异化程度,20 世纪 90 年代初 Paul Krugman 提出了区域分工指数,具体计算公式如下:

$$S_{jk} = \sum_{i=1}^{n} \left| \frac{Q_{ij}}{Q_j} - \frac{Q_{ik}}{Q_k} \right| \tag{3.9}$$

其中,n 为行业个数,下标 j 和 k 表示区域,i 表示行业,Q_{ij} 和 Q_{ik} 表示 j 和 k 地区行业 i 的产值,Q_j 和 Q_k 是两地区白制造业总产值,S_{jk} 为区域分工指数($0 \leqslant S_{jk}, \leqslant 2$),用于衡量产业的区域分工程度。当 S 趋向于 2,表明两地区产业差异程度越大;当 S 趋向于 0,则表明两地区产业差异程度越小,同构程度越大。若 $S_{jk} = 0$,则表明两个地区产业结构完全不同;若 $S_{jk} = 2$,则表明区域 j 和区域 k 具有完全相同的产业结构。以 2000—2015 年京津冀地区制造业行业的规模以上制造业企业制造业总产值为原始数据,按照区域分工指数的计算公式,对京津冀地区制造业分工情况进行分析,结果如表3-5所示。

表3-5 2000—2015年京津冀三地制造业分工指数

年份	北京—天津	北京—河北	天津—河北	年份	北京—天津	北京—河北	天津—河北
2000	0.86	0.88	0.67	2008	0.55	0.99	0.73
2001	0.45	0.86	0.72	2009	0.60	1.00	0.59
2002	0.34	0.83	0.71	2010	0.60	0.97	0.57
2003	0.28	0.81	0.74	2011	0.60	1.01	0.57
2004	0.43	0.88	0.83	2012	0.74	1.03	0.63
2005	0.32	0.98	0.80	2013	0.69	1.04	0.59
2006	0.35	0.99	0.79	2014	0.70	1.04	0.60
2007	0.42	0.99	0.72	2015	0.73	1.05	0.61

资料来源:根据京津冀各地区统计年鉴数据整理所得。

由表3-5可以看出,京津冀地区制造业分工指数都大于0,说明三地在制造业产业方面存在分工。但是指数普遍低于1,说明分工情况并不是很明显,处于区域产业分工指数(0-2)的中下部分,仅有北京—河北2009年以后的区域分工指数突破了1。北京—天津的分工指数较低,说明两者在制造业方面存在很大的相似性,竞争程度相对激烈。尤其是2006年之前,有些年份的制造业分工指数下降到0.28和0.32的水平,说明北京、天津过去由于城市定位不明确,产业结构雷同非常严重,结构趋同现象严重阻碍了两地在制造业领域的合作发展。虽然近年来随着国家提出京津冀协同发展战略,制造业分工指数有所上升,但是仍低于指数1的水平。相对京津而言,天津—河北的区域分工指数要高于北京—天津的分工指数,但低于北京—河北之间的分工指数。从指数发展变化趋势来看,天津、河北两地的制造业分工指数甚至出现了下降的趋势。天津、河北在历史上都属于制造业生产基地,而且天津曾经作为河北的省会城市存在一段时期,因此,两者在制造业领域存在明显的结构趋同现象。随着国家提出北京非首都功能疏解以后,北京大量的非首都功能性产业,包括中低端制造业开始陆续向周边转移,天津、河北作为北京产业转移的首选地,在承接制造业转移过程中,又进一步加剧了彼此之间的竞争性。如何实现天津、河北两地在制造业发展领域的错位、分层次发展,是今后需要考虑的一个重要的现实问题。

如果将表 3-5 中的数据转化为折线图,京津冀地区制造业的分工态势更加明显。如图 3-1 所示。

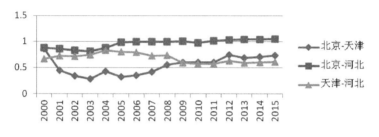

图 3-1 2000—2015 年京津冀地区制造业分工指数

资料来源:根据京津冀各地区统计年鉴数据整理所得。

从图 3-1 可以看出,2000 年,北京—河北制造业区域分工指数与北京—天津制造业区域分工指数同为 0.88,虽然区域分工指数不是很大,但是京津冀地区间制造业的分工还是较为明显的,特别是北京的产业结构与天津、河北存在较大差异。但是 2000 年以后,北京—河北制造业区域分工指数虽然变化不大,但是向好的趋势比较明显,北京—河北制造业区域分工指数逐渐靠近 1,甚至近年来突破 1,区域间制造业分工进一步合理化。但是北京-天津制造业区域分工指数 2000 年以后开始出现骤降的现象,2003 年达到最低值 0.28,制造业结构严重趋同,区域间竞争异常激烈。京津冀协同发展战略实施后,北京—天津制造业区域分工指数有所上升,但近年来始终在 0.6 左右徘徊,较之北京-河北而言制造业产业结构趋同现象仍然比较严重。天津—河北制造业区域分工指数 2000 年以后始终在 0.6—0.8 之间徘徊,这和两地同为历史上的制造业基地有很大关系。2011 年以后,天津—河北制造业区域分工指数有所上升,表明两地之间的协同发展能力不断上升。

综合来看,京津冀地区内部制造业区域分工存在明显的梯度特征。按照产业结构差异水平,北京—河北制造业区域分工比较明显,其次是天津—河北,而北京—天津制造业区域分工指数较低。因此,从图 3-1 可以看出,三者之间存在明显的阶梯差。国家实施京津冀协同发展战略后,京津冀三地之间制造业区域分工指数都有所上升,说明三地制造业正逐步沿着区域协调化的良好方向发展。

2. 制造业地区专业化水平

关于产业集聚程度的测度方法比较多,但应用较为广泛的主要包括空间基尼系数、HHI 指数、E-G 指数、区位熵等几种。其中,空间基尼系数由于剔除了企业规模这个影响因子,所以在测度地区产业集聚程度时不太准确。HHI 指数相较于空间基尼系数,主要以企业个数和规模为基数计算所有企业的市场份额的平方和。相较于空间基尼系数,HHI 指数考虑到了企业规模带来的影响。E-G 指数则综合了空间基尼系数和 HHI 指数两者优势,把 HHI 指数作为权重引入空间基尼系数计算公式中,弥补了该指标对企业规模影响因素的忽略,因此,E-G 指数更多是对空间基尼系数的一种改进和补充。上述测度三种产业集聚程度的指标各有优劣,但共性是对使用数据的质量要求比较高,特别是对企业层面的数据要求较为丰富,也在一定程度上限制了这些指标的使用范围。

本书在综合比较上述测度指标的基础上,从数据的可得性以及计算的可操作性角度出发,采用区位熵对京津冀地区制造业的专业化水平进行分析。区位熵由哈盖特(P. Huggett)提出,首先测度某地区该部门的产值在当地制造业总产值中的比重,然后测度某地区所在的特定区域内该部门的产值在区域范围内制造业总产值中的比重,最后将两者进行比率分析,进而通过比值的大小来反映该地区某个产业在区域范围内的专业化水平以及集中分布状况,并判断该产业在该区域是否具有竞争优势。

区位熵以 1 作为临界点,用于判断该地区某个产业的专业化水平。区位熵大于 1,表明该产业是地区专业化部门;区位熵小于 1,表明该产业的专业化水平相对较低,尚不具备很强的竞争力。区位熵越大,说明专业化水平越高,空间分布越集中。具体计算公式如下:

$$LQ_{ij} = \frac{L_{ij} / \sum_{j=1}^{m} L_{ij}}{\sum_{i=1}^{n} L_{ij} / \sum_{i=1}^{n} \sum_{j=1}^{m} L_{ij}}\tag{3.10}$$

其中,L_{ij} 表示某地区某行业的产值,i 为地区,j 代表具体行业,此处 $n=3$,代表京津冀三省市,$m=31$,涵盖制造业的 31 个行业,最终比值 LQ_{ij} 为某地某行业的区位熵。本书综合考虑京津冀地区制造业各行业数据的可得性,主要采用 2001—2015 年各省区市统计(或经济)年鉴。根据《国民经济行业分类与代码(GB/T4754-2017)》标准,对规模以上制造业企业总产值进行分析研究,计算出京津冀地区制造业的产业集聚程度。其中,2001—2003 年的制造业数据按照新行业分类标准进行整理。具体计算结果如表 3-6 所示。

表 3-6　2015 年京津冀三地制造业区位熵

地区	区位熵
北京	0.86282049
天津	1.047116925
河北	1.025716328

资料来源:根据京津冀各地区统计年鉴数据整理所得。

由表 3-6 中的区位熵可以看出,天津、河北的制造业区位熵都大于 1,说明两地制造业的专业化水平较高,空间分布较为集中,集聚程度比较高。相比较而言,天津的集聚程度要高于河北。北京的制造业区位熵小于 1,说明制造业专业化水平较低,空间集聚程度不高,这和北京的"三二一"产业结构有关,相对于天津、河北而言,北京的第三产业(服务经济)发展优势更为明显。

3. 制造业行业专业化水平

根据区位熵计算公式,在分析京津冀三地制造业专业化水平的基础上,本书对制造业细分行业的专业化水平和空间分布特征进行了进一步的分析。如表 3-7 所示。

表 3-7　2015 年京津冀三地制造业各行业区位熵

行业	北京	天津	河北
农副食品加工业	0.61	0.79	1.19
食品制造业	0.56	1.90	0.76
酒、饮料和精制茶制造业	1.41	0.67	0.24
烟草制品业	0.31	0.71	1.10
纺织业	0.13	0.20	1.68
纺织服装、服饰业	0.79	1.24	0.75
皮革、皮毛、羽毛(绒)及其制品	0.06	0.19	1.80
木材加工及竹、藤、棕、草制品业	0.30	0.18	1.72
家具制造业	1.10	0.86	1.09
造纸及纸制品业	0.48	0.89	1.16
印刷和记录媒体复制业	1.27	0.63	1.24
文教、工美、体育和娱乐用品制造业	0.82	1.58	0.69
石油加工、炼焦和核燃料加工业	0.94	1.20	0.95

行业	北京	天津	河北
化学原料和化学制品制造业	0.37	1.14	1.21
医药制造业	1.76	0.88	0.83
化学纤维制造业	0.15	0.61	1.57
橡胶和塑料制品业	0.32	0.89	1.34
非金属矿制造业	0.89	0.46	1.41
黑色金属冶炼和压延加工业	0.06	0.89	1.57
有色金属冶炼和压延加工业	0.27	1.84	0.64
金属制品业	0.42	1.12	1.37
通用设备制造业	0.94	1.24	0.83
专用设备制造业	1.15	1.26	0.91
汽车制造业	2.38	0.90	0.66
铁路、船舶、航空航天和其他运输设备制造业	0.92	1.81	0.67
电器机械和器材设备制造业	1.12	0.93	1.12
计算机、通信和其他电子设备制造业	2.04	1.89	0.31
仪器仪表制造业	3.27	0.49	0.28
其他制造业	1.90	1.57	0.48
废弃资源综合利用业	0.14	2.32	0.35
金属制品、机械和设备制造业	2.41	0.57	0.70

资料来源:根据京津冀各地区统计年鉴数据整理所得。

　　根据表3-7,我们把区位熵大于1的视为该产业在京津冀地区内具有专业化水平,竞争力相对比较强。对于北京制造业而言,区位熵大于1的产业有11个。尤其是计算机、通信、电子设备制造业以及汽车制造业等区位熵超过了2,仪器仪表制造业的区位熵甚至超过了3,说明北京的这些行业在京津冀地区具有非常强的竞争力,在空间分布上也相对比较集中。而这些相对集聚的行业,基本上都属于技术和资本密集型行业,说明北京在制造业产业结构转型升级方面比较成功。但有些区位熵大于1的行业如家具制造业、金属制品、机械和设备修理业等属于劳动密集型行业,与北京发展高精尖制造业相悖,这些行业应该借助北京非首都功能疏解的机会,向天津、河北两地转移,以腾出更大空间向高精尖制造业和第三产业方向发展。对于天津而言,区位熵大于 1 的行业有 12 个,其中只有废弃资源综合利用业区位熵超过了 2。另外,天津制造业相对北京而言,在石油、化工领域具备明显优势,尤其是设备制造业,基本上集中分布在天津。对于河北而言,区位熵大于 1 的行业有 16 个,基本集中在传统的加工制造业领域和化工冶炼行业。

综合比较北京、天津、河北制造业细分行业的区位熵发现,经过多年的区域协调发展,三地在制造业分工方面有了明显的改善,产业差异性不断增强,结构趋同现象得到明显的缓解,互补作用逐渐发挥出来。但是在某些具体行业,京津冀三地还存在分布不合理的现象。例如,北京、天津的专用设备制造业方面,两地的区位熵都明显大于 1,彼此之间的竞争比较激烈,而天津在设备制造业方面相对拥有更完善的发展基础。北京与河北的制造业分工相对明确,结构差异性比较大,因此互补作用也比较大。天津与河北在制造业方面的结构趋同现象也得到明显的缓解,除了化学原料和化学制品制造业、金属制品业等行业的区位熵都超过 1 以外,其他行业在各自区域内的优势还是比较明显的。

4.制造业空间集中度变化

在静态分析京津冀地区制造业区域专业化水平的基础上,通过引入平均集中率指数和 SP 指数,能够更好地分析三地制造业近年来的集中率变化趋势,从而从动态变化的角度揭示制造业空间分布变化。

（1）平均集中率

首先,我们采用平均集中率指标,对京津冀三地制造业空间集聚程度进行动态分析。

$$\gamma_i = \sum_k (\gamma_i^k)/k \qquad\qquad (3.11)$$

其中,$\gamma_i^k = E_i^k / \Sigma_i E_i^k$,$k$ 为行业的数量,γ_i^k 代表地区 i 行业 k 的产业集中率,γ_i 代表地区 i 的产业平均集中率,其值域在 0—1 之间。γ_i^k 值越大,说明地区制造业占有额越大,制造业越发达。

具体统计结果如图 3-2 所示:

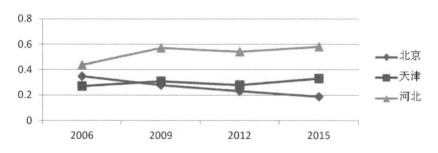

图 3-2　2006—2015 年京津冀地区制造业平均集中率

资料来源:根据京津冀各地区统计年鉴数据整理所得。

从图 3-2 中可以看出,2006—2015 年,河北制造业的平均集中率最高,且呈现上升趋势,尤其是 2006 年以后比较明显且保持稳定,这和河北制造业基础较好,且正处于制造业化发展较快阶段有很大关系。天津的制造业平均集中率在 2006 年之前明显低于河北、北京,但是此后开始逐渐攀升,2008 年之后超过北京并保持上升趋势,说明天津的制造业平均集中率也在拉升。相比较而言,北京的制造业平均集中率却在逐年下降。京津冀三地制造业平均集中率变化趋势,和国家实施京津冀协同发展战略以及北京非首都功能疏解政策有直接的关系。因此,河北、天津近年来制造业平均集中率指数逐年上升,充分说明北京非首都功能疏解正在有序进行,而河北、天津在地理空间上距离北京最近,且具备良好的制造基础,直接成为北京疏解非首都功能产业的首选地。据此可以推测出,北京的制造业逐渐向河北、天津转移,河北、天津则承接了北京的大多数制造业,促进了河北、天津两地的制造业集聚程度提高。但图3-2仅能显示京津冀地区制造业在空间层面的集聚程度变化趋势,对于细分行业如何变化,却无法准确说明。

(2)SP指数

在利用平均集中率指标动态分析京津冀地区制造业集聚程度变化的基础上,本书继续采用SP指数,对京津冀三地制造业具体行业的变动趋势进行统计分析。SP指数的取值范围为(0,1)。其中,行业的地理空间分布越集中,则指数越接近于0;行业的地理空间分布越分散,则指数越接近于1。当指数值出现上升趋势时,说明行业的地理空间分布呈现分散趋势。具体计算公式如下:

$$SP^k = c \sum_i \sum_j \gamma_i^k \gamma_j^k \mu_{ij} \tag{3.12}$$

式中SP^k为行业k的sp指数,c为常数,在此我们借鉴范剑勇的取值方法,取值0.5,γ_i^k、γ_j^k分别衡量地区i、地区j第k种产业产值占该区域总产值的比重,μ_{ij}为两地区之间的空间距离,我们选取政府所在地政治中心的直线距离来代替。

其中,京津两地的距离为96.1千米,京冀两地的距离为239.5千米,津冀两地距离为269.6千米。结果如表3-8所示。由表3-8可知,2006—2015年,河北在农副食品加工业等14个行业上始终处于最高市场份额,说明河北在这些行业的空间分布上处于集聚态势。从变化趋势看,虽然河北在这些行业始终占有市场最高份额,SP指数却在发生着变化。与2006

年相比,河北在烟草制造业、农副食品加工业、医药制造业3个行业的市场份额在下降,但在酒、饮料和精制茶制造业等11个行业市场占有份额上处于上升趋势。从变化的行业看,河北市场份额下降的行业主要属于垄断行业和技术、资本密集型行业,而市场份额上升的行业主要属于重化制造业。

天津和北京制造业具体行业的市场份额变动趋势也比较明显。2006年,天津仅在电器机械和器材制造业占据最高市场份额,但2009年即被河北赶超。在有色金属冶炼和压延加制造业方面,2006年河北虽然占据最高市场份额,2009年以后天津开始占据最高市场份额。总体来看,天津制造业在京津冀地区的市场份额没有太明显的优势。

2006年北京在计算机、通信和其他电子设备制造业等5个行业占据最高市场份额。随着京津冀协同发展战略和北京非首都功能疏解政策的实施,北京的产业结构进行了调整升级。北京在食品制造业和专用设备制造业的市场份额不断下降,2015年分别由天津和河北代替。但是北京始终在高端生产性服务业诸如计算机、通信和其他电子设备、交通运输设备以及仪器仪表制造等方面占据最高市场份额,说明近年来北京制造业正朝着高端化方向发展。而天津、河北有些制造业份额的上升,在很大程度上是因为北京制造业结构调整而实施转出的结果。

由上分析可知,北京、天津、河北之间的产业转移是客观存在的,主要以北京转出而天津、河北转入为主。但在现实中,天津、河北在承接北京产业转出过程中,存在一定程度的无序竞争,双方都想从北京的产业转移中争抢资源。2014年,实施北京非首都功能疏解政策后,如何协调处理好天津与河北在承接北京产业转移方面的关系显得更加紧迫。

表 3-8　京津冀各行业市场最高份额

行业	2006	2009	2012	2015
农副食品加工业	0.6757	0.6481	0.6685	0.6373
食品制造业	0.6267	0.4983	0.4568	0.5137
酒、饮料和精制茶制造业	0.4011	0.4982	0.5120	0.5214
烟草制品业	0.6671	0.5973	0.6028	0.6481
纺织业	0.7896	0.8137	0.8674	0.9481
纺织服装、服饰业	0.4139	0.4966	0.4461	0.4637
造纸及纸制品业	0.6581	0.6153	0.6523	0.6789
石油加工、炼焦和核燃料加工业	0.3849	0.5137	0.4981	0.5209
化学原料和化学制品制造业	0.5242	0.5648	0.5437	0.6408
医药制造业	0.4313	0.5138	0.4106	0.3976
化学纤维制造业	0.7994	0.8437	0.8610	0.8642
非金属矿制造业	0.6358	0.6715	0.6715	0.8519
黑色金属冶炼和压延加工业	0.7001	0.7128	0.7357	0.7466
有色金属冶炼和压延加工业	0.4650	0.4489	0.5168	0.5613
金属制品业	0.4756	0.4785	0.5601	0.6137
通用设备制造业	0.3854	0.4251	0.4835	0.4508
专用设备制造业	0.4057	0.3892	0.4625	0.4416
交通运输设备制造业	0.4534	0.4402	0.4287	0.4097
电器机械和器材设备制造业	0.4093	0.4324	0.4598	0.4833
计算机、通信和其他电子设备制造业	0.5162	0.5568	0.5340	0.5274
仪器仪表制造业	0.5855	0.5514	0.5341	0.6237
典礼、热力生产和供应业	0.5096	0.4981	0.4368	0.4812

资料来源:根据京津冀各地区统计年鉴数据整理所得。

5. 制造业空间转移方向

通过对京津冀地区制造业专业化水平和具体行业市场份额变动的分

析,我们发现近年来北京、天津、河北制造业及具体行业在国家区域协同发展战略的实施调控下,产业结构趋同或重叠现象得到了有效缓解,彼此间在产业链分工和功能性分工方面的趋势得到加强。同时,京津冀地区的整体产业结构由于协同性得到良好的贯彻,产业结构水平的融合度和协同度也不断得到优化和升级。接下来,我们把制造业按照要素集聚程度分为劳动密集型、资本密集型和技术密集型三类,结合地图变化分析京津冀地区制造业的空间变动特征。如图 3-3、图 3-4 所示:

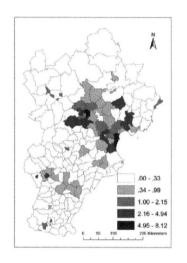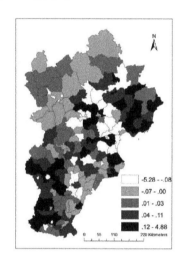

图 3-3　京津冀制造业 2003 年产值空间分布　　**图 3-4　2003—2015 年产值份额变化空间分布**

资料来源:按照京津冀各地区制造业总产值占京津冀地区制造业总产值的比重绘制所得。

由图 3-3、图 3-4 可以看出,2003 年,京津冀地区制造业主要集中分布在京津走廊以及河北省主要城市的核心区县。具体来看,北京制造业主要分布在城市核心区的拓展区,天津制造业主要分布在东部的临港制造业区,而河北则主要分布在一些大中城市的核心区,冀中南和冀中北地区制造业发展比较弱。经过十几年的发展历程,京津冀地区制造业区域分布发生了显著的变化。从图 3-3、图 3-4 可以看出,原来以京津走廊和河北核心区县为主的制造业分布格局逐渐向东部沿海、冀中南腹地扩散,东部的唐山、秦皇岛以及冀中南腹地的石家庄、邢台、邯郸等地制造业生产总值比重不断上升,打破了以往的单独核心,出现了多核心发展的布局。

6. 结论

一是实行错位发展和分层次发展。按照《京津冀协同发展规划纲要》中关于各地区的定位要求,北京应重点发展高科技产业,在产业研发和孵化方面获得新的发展突破,天津应重点按照"一基地三区"的城市定位要求,重点发展先进制造业基地,河北则应重点优化调整制造业结构,提升制造业尤其是制造业的结构水平,推进制造业对河北省经济发展的支撑力。基于三地的定位要求,京津冀地区在推进制造业集聚发展时,各地区要有所侧重,在制造业层面上结合自身的定位要求和发展实际,实现错位发展和分层次发展,切忌脱离本地区的发展实际好高骛远。

二是实行产业链融合发展。对于地区间共存的制造行业,应本着合作共赢的态度加快地区间的行业合作。通过加快制造业产业链条的拓展和延伸,一方面可以通过迂回的方式增加制造业的产品附加值,另一方面也可以加大地区间产业链条的合作关系,把相同行业的竞争关系转变为合作关系,扩大彼此之间的利益共同点。

三是正确处理好京津冀地区制造业集聚与扩散关系。在加强制造业集聚发展获得规模优势的同时,适时地推进制造业由核心区域向周边区域扩散,有助于消除环京津贫困带,带动河北省经济总量的提升,缩小地区间发展不平衡的现象,进而实现京津冀地区的协同发展。

四是发挥雄安新区的增长极作用,消除地区间制造业发展不平衡问题。相较于北京、天津制造业,河北制造业经济体量大,但是发展水平不高,产业结构不合理。长期以来,河北依靠重化制造业作为经济发展的重要支撑,在资源环境承载力日益严峻的条件下,重化制造业发展受到了挤压。对于河北而言,加速制造业结构尤其是制造业的转型升级发展是摆在当前的一个重要问题。国家设立雄安新区,就是为了在北京、天津之外形成新的增长极,拉动河北省产业结构的调整优化升级。因此,雄安新区的产业定位不能定位在中低端产业,应该在产业结构方面实现与北京、天津的竞合关系,既具有竞争,但更多的是合作。具体做法就是统筹兼顾产业间的横向协同分工和产业链的纵向协同分工,采用现代产业分工模式来替代传统分工模式,使产业不同环节或功能环节分别在不同地区生产,从而实现京津冀地区高质量的产业分工与合作。

二、京津冀地区生产性服务业空间分布现状

服务业在产业结构中占比的提高,一定程度上能够反映产业结构水平的提高。生产性服务业作为服务业中的重要组成部分,具备现代服务业或高端服务业的特性,能够引领服务业的发展方向。在京津冀地区经济和产业发展现状分析中,本书指出了该地区在经济体量方面存在发展差距和产业结构方面存在梯度差异。但具体到生产性服务业方面,由于北京、天津和河北所处的制造业化发展阶段不同,产业发展的侧重点各异,因此产业结构中服务业尤其是生产性服务业的占比必然存在较大的差别。基于这种认识,本书重点从京津冀地区生产性服务业的分工现状、专业化水平、空间集聚等视角进行了详细研究。

1. 生产性服务业分工现状

(1)京津冀生产性服务业专业化水平

为了测度某城市生产性服务业的专业化水平,以及在区域范围内与其他城市的结构差异化程度,本书在克鲁格曼专业化指数的基础上,采用城市相对专业化指数为测度指标进行分析。具体计算公式如下:

$$sd_i(t) = \sum_{k=i}^{n} \left| \frac{E_{ik}(t)}{E_i(t)} - \frac{\sum\limits_{i \neq j}^{m} E_{jk}(t)}{\sum\limits_{k=1}^{n} \sum\limits_{i \neq j}^{m} E_{jk}(t)} \right| \tag{3.13}$$

式中,i、j、k分别代表城市i、城市j、生产性服务业行业k;$E_i(t)$、$E_{ik}(t)$则分别代表城市i生产性服务业总体、k行业的从业人员数;m、n分别代表城市数目和行业数目。$sd_i(t)$越高,表示城市在都市圈生产性服务业分工中专业化程度较高,而$sd_i(t)$越低,则表示城市在都市圈生产性服务业分工中多样化程度越高。具体计算结果如表3-9所示:

表3-9　2006—2016年京津冀地区城市生产性服务业相对专业化情况

城市	相对专业化指数		
	2006 年	2016 年	2006—2016 年
北京	0.631	0.497	−0.140
天津	0.278	0.262	−0.02
石家庄	0.468	0.522	0.06
唐山	0.653	0.639	−0.02
秦皇岛	0.729	0.756	0.03
邯郸	0.532	0.512	−0.02
邢台	0.556	0.518	−0.04
保定	0.436	0.525	0.09
张家口	0.466	0.337	−0.13
承德	0.509	0.573	0.07
沧州	0.603	0.605	0.01
廊坊	0.401	0.486	0.09
衡水	0.583	0.612	0.03

资料来源:根据京津冀各地区统计年鉴数据整理所得。

从表3-9可以看出,2006—2016年,北京、天津的生产性服务业相对专业化指数都呈下降趋势,十年间分别下降了0.14和0.02,北京的下降程度尤其明显,说明北京、天津两大城市生产性服务业为了配合产业结构的调整优化,尤其是制造业多样化发展的需要,生产性服务业发展的多样化程度不断提高,发展水平得到综合提升。相对两大直辖市而言,河北许多城市生产性服务业相对专业化水平有所提升,包括石家庄、秦皇岛、保定、承德、沧州、廊坊、衡水等地,其中保定、廊坊相对专业化指数提升最高,达到0.09。仅唐山、邯郸、邢台和张家口近十年相对专业化指数有所下降。具体分析,河北众多城市生产性服务业相对专业化指数提高,更多是为了契合当地制造业发展的需要,某一方面的生产性服务业在制造业的需求拉动下得到快速发展,专业化水平也相应得到提高。如金融服务业和交通运输业,随着城市生产性服务业相对专业化指数的提高,这些行业以制造业需求为动力,通过不断调整行业发展方向和提高行业发展水平,以更好地服务于制造业发展需求而获得较快的发展。综上比较可知,北京、天津生产性服务业发展更加侧重多样化发展,以适应制造业发展的多样化需求。而河北限于制造业发展水平的需要,更多地侧重生产性服务业某一行业的快速发展,以适应当地制造业发展的需要,并且大多数城市都倾向于优先重点发展金融服务业和交通运输业。

(2)生产性服务业城市间相对专业化水平

在上述相对专业化指数的基础上,本书对计算公式进行了调整,通过测度京津冀城市间相对专业化指数来比较生产性服务业的分工水平,并以此为基础分析城市间生产性服务业结构的差异化程度。具体计算公式如下:

$$sd_{ij}(t) = \sum_{k=1}^{n} \left| \frac{E_{ik}(t)}{E_i(t)} - \frac{E_{jk}(t)}{E_J(t)} \right| \tag{3.14}$$

如果 $sd_{ij}(t)=0$，则说明两大城市产业结构相同；如果 $sd_{ij}(t)=2$，则说明两大城市产业结构完全不同，彼此间生产性服务业发展专业化程度较高。具体计算结果如表 3-10 所示。从表 3-10 可以看出，北京与其他城市间的生产性服务业相对专业化指数较高，但从动态变化来看，2006—2016 年，除了北京—承德、北京—保定相对专业化指数有所上升外，其他都处于下降趋势，说明北京与京津冀地区其他城市的生产性服务业发展协调性得到进一步加强，城市间产业互补性不断得到完善。而天津与其他城市生产性服务业的相对专业化指数相对较低，说明天津与其他城市间的专业化程度更高，但同时也说明城市彼此间在生产性服务业的发展协同性方面较小，发展的互补程度较低。

从北京—天津城市间生产性服务业相对专业化指数看，如图 3-5 所示，两大直辖市间的相对专业化指数一直比较低，说明两者在产业分工方面差异不大，存在生产性服务业结构趋同现象。但从另一个角度看，北京、天津在生产性服务业领域的合作范围较大。为了避免城市之间的恶性竞争和重复建设带来的资源浪费，应加大北京、天津两大城市在生产性服务业领域的合作和交流，促进良好发展。

表 3-10　2006—2016 年京津冀地区城市生产性服务业相对专业化情况

北京—其他城市	2006 年	2016 年	2006—2016 年	天津—其他城市	2006 年	2016 年	2006—2016 年
北京—秦皇岛	0.904	0.867	-0.037	天津—秦皇岛	0.467	0.552	0.085
北京—唐山	0.855	0.737	-0.118	天津—邢台	0.539	0.537	-0.002
北京—沧州	0.796	0.732	-0.064	天津—承德	0.402	0.513	0.111
北京—衡水	0.758	0.729	-0.029	天津—衡水	0.466	0.479	0.013
北京—承德	0.701	0.716	0.015	天津—沧州	0.468	0.462	-0.006
北京—邯郸	0.726	0.688	-0.038	天津—保定	0.442	0.510	0.068
北京—石家庄	0.682	0.635	-0.047	天津—唐山	0.416	0.439	0.023
北京—邢台	0.802	0.617	-0.185	天津—廊坊	0.339	0.443	0.104

续表

北京— 其他城市	2006 年	2016 年	2006— 2016 年	天津— 其他城市	2006 年	2016 年	2006— 2016 年
北京—保定	0.557	0.581	0.024	天津—张家口	0.314	0.387	0.073
北京—廊坊	0.590	0.546	−0.044	天津—北京	0.409	0.357	−0.052
北京—张家口	0.663	0.489	−0.174	天津—邯郸	0.228	0.341	0.113
北京—天津	0.409	0.357	−0.052	天津—石家庄	0.212	0.296	0.084

资料来源:根据京津冀各地区统计年鉴数据整理所得。

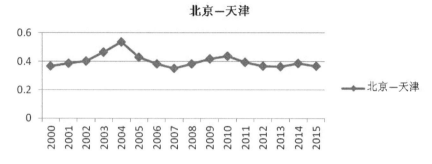

图 3-5　2000-2015 年北京—天津生产性服务业分工指数

资料来源:根据京津冀各地区统计年鉴数据整理所得。

2. 生产性服务业集聚现状

(1)基于行业层面的分析

纵观现有文献研究,涉及生产性服务业空间集聚的研究指标,主要包括克鲁格曼专业化指数、产业地理集中指数、空间基尼系数、区位熵、赫希曼—赫佛因德指数等一系列指标。尽管各指标采用的计算方法和数据有所差异,但在测度原理方面有很大的相似性。在借鉴和比较现有文献关于生产性服务业集聚程度研究的基础上,结合研究的目的性和数据的可获得性,本书采用空间基尼系数作为测度京津冀地区城市生产性服务业的衡量指标。基尼系数由意大利经济学家基尼提出,最早用于分配领域,作为考察分配平均程度的一项指标。20 世纪中期以后,基尼系数得到了广泛应用,并逐渐被引入产业经济学领域用于判断某一产业在特定区域范围内的空间集聚程度。空间基尼系数的具体测算公式如 3.15 式所示:

$$G = \sum_i (s_i - x_i)^2 \qquad (0 \leqslant G \leqslant 1) \quad (3.15)$$

其中 G 表示空间基尼系数,S_i 表示 i 地区某一产业从业人数在全国该产业从业人数的占比。同理,x_i 表示 i 地区全部从业人数在全国总从业人数的占比。G 值大说明该产业集聚程度高;G 值小说明该产业集聚程度低。

首先,本书按照生产性服务业的六大类别,从产业层面对各行业的集聚程度进行比较分析。在此,采用了类似于区位熵的 S_i 指标,正如上述测算公式中所指,S_i 用某一地区内生产性服务业就业人数与京津冀地区生产性服务业的总就业人数之比来表示。具体测算结果如表 3-11 所示。

表 3-11　京津冀生产性服务业内部行业集聚比较(S_i)

细分行业	2016			2012			2009		
	北京	天津	河北	北京	天津	河北	北京	天津	河北
交通运输、仓储及邮政业	0.08321	0.02109	0.08413	0.07399	0.01937	0.07718	0.0627	0.0189	0.07829
信息传输、计算机服务和软件业	0.22984	0.01468	0.05148	0.19838	0.01427	0.0557	0.14238	0.01664	0.05753
批发和零售业	0.09088	0.02454	0.21944	0.08956	0.02275	0.05465	0.0627	0.02141	0.24733
金融业	0.05838	0.01482	0.0467	0.04069	0.01488	0.05216	0.03374	0.01402	0.05188
租赁和商务服务业	0.19851	0.01861	0.07882	0.21521	0.02527	0.06678	0.1896	0.02759	0.08652
科学研究、技术服务和地质勘查业	0.14982	0.02501	0.03931	0.1406	0.02168	0.0325	0.11776	0.02272	0.03359

　　近年来,北京生产性服务业整体上呈现持续上升趋势,尽管在租赁和商务服务业领域在 2012 年上升之后,2016 年又出现了下降趋势,但是整体来看,北京在近 8 年的时间里,生产性服务业获得了高速发展,而且集聚程度呈加剧态势。天津除了在交通运输、仓储、邮政、批发、零售等行业的空间基尼系数呈现逐年上升趋势外,租赁和商务服务业、信息传输、计算机服务和软件业以及金融业的系数都出现了下降趋势。金融业基本保持不变,始终徘徊在 0.014 范围内。这与北京相应的生产性服务行业空间基尼系数上升有直接的关系。从 S_i 的计算方式可以看出,在京津冀固定空间范围内,北京、天津的生产性服务业行业集聚程度必然存在一种此消彼长的竞争关系。从两大直辖市的变化可以看出,北京在生产性服务业方面获得了快速发展,并在京津冀市场领域内不断占据主导地位,而天津的空间集聚不断被压缩,尽管生产性服务业在客观上存在绝对性的规模扩大和增长。河北生产性服务业空间集聚程度变化比较大,存在一个起伏的形成。如果把 2009、2012 和 2016 年分为三个阶段来看,2012 年为中间的波峰和波谷。其中,租赁、商务服务、交通运输、仓储、邮政等行业在 2012 年下降,2016 年出现了反弹上升趋势,而批发与零售业、金融业则在 2012 年上升,2016 年之后开始出现下滑趋势,信息传输、计算机服务和软件业基本保持了下降趋势。由于本书的研究仅限于京津冀地区内,在研究该地区生产性服务业集聚状况时,京津冀三地具体行业之间的空间分布比重必然存在一个此消彼长的变动关系。从河北生产性服务业集聚程度的变化趋势也可以看出,具体行业的走向基本与北京、天津生产性服务业集聚程度的变化趋势存在紧密的联系。另外,研究还发现:北京近年来高端生产性服务业获得高速发展,比如信息传输、计算机服务、软件、科学研究等行业在京津冀地区的空间集聚程度不断上升。而天津与河北主要在交通运输、仓储及邮政业、批发与零售业等传统服务行业的集聚优势比较明显。从生产性服务业的集聚趋势也可以看出,北京的产业结构水平和发展质量要高于天津和河北两地。

在对京津冀地区生产性服务业集聚程度分地区分行业比较分析的基础上,本书利用空间基尼系数详细分析了不同行业的空间集聚程度,具体结果如表 3-12 所示。从表 3-12 可以看出,2010—2016 年间京津冀地区生产性服务行业存在不同的变化趋势,除了批发与零售业外,其他五个行业都处于上升态势。其中,信息传输、计算机服务和软件业和交通运输、仓储及邮政业属于显著上升,增长幅度分别在 217.03% 和 168.97%。尤其是信息传输、计算机服务和软件业,代表了服务业的高端发展水平和质量,成为引领京津冀地区服务业快速发展的领头羊,必将在产业结构调整方面发挥重要的引擎作用。随着京津冀协同发展步伐的推进和国家区域协同发展的实施,交通运输、仓储及邮政业也将获得进一步的发展。租赁和商务服务业属于生产性服务业的高端行业,目前仍处于初级发展阶段。从该行业的增长幅度来看,还存在很大的发展空间,这也是今后京津冀地区需要加快研究和探索的新领域。批发与零售业属于传统生产性服务业,在近 7 年的时间里出现下降趋势,这与周边地区批发与零售业发展规模扩大和市场占有率不断提升有直接的关系。

综上分析可知,京津冀地区在生产性服务业尤其是高端行业方面存在明显的集聚优势,而且这种集聚优势呈现不断增长的趋势,这对未来京津冀协同发展,推进京津冀地区经济体量提升,并成为北方地区经济发展的增长极具有重要的带动作用。

表 3-12 京津冀生产性服务业空间基尼系数(G)

细分行业	2016	2015	2014	2013	2012	2011	2010	排名	增幅（%）	趋势
交通运输、仓储及邮政业	0.0016	0.0015	0.0010	0.0009	0.0008	0.0007	0.0006	5	168.97	呈显著上升

续表

细分行业	2016	2015	2014	2013	2012	2011	2010	排名	增幅（%）	趋势
信息传输、计算机服务和软件业	0.0353	0.0332	0.0289	0.0242	0.0257	0.0203	0.0112	1	217.03	呈显著上升
批发和零售业	0.0216	0.0247	0.0326	0.0327	0.0320	0.0335	0.0294	3	-26.46	下降
金融业	0.0013	0.0010	0.0008	0.0008	0.0004	0.0008	0.0007	6	94.2	上升
租赁和商务服务业	0.0239	0.0225	0.0289	0.0294	0.0236	0.0228	0.0230	2	3.92	上升
科学研究、技术服务和地质勘查业	0.0129	0.0138	0.0108	0.0115	0.0106	0.0086	0.0082	4	56.87	上升

资料来源:根据京津冀各地区统计年鉴数据整理所得。表中排名是根据2016年京津冀生产性服务业各行业的空间基尼系数大小排序而得;增幅是由2016年与2010年的空间基尼系数差值除以2010年的系数而得,若增幅在-100%~0%或0%~100%,则趋势定义为下降或上升,若增幅小于-100%或大于100%则趋势定义为显著下降或显著上升。

(2)基于空间层面的分析

从产业层面和空间层面来研究产业协同集聚的内在机理,是本书的一个核心思想。基于这种考虑,在研究生产性服务业集聚程度时,除了从产业层面对生产性服务业集聚程度进行研究外,接下来利用区位熵和地区平均集中率指标,主要从空间层面对生产性服务业的集聚程度进行更深入的研究。

首先利用区位熵对京津冀地区生产性服务业进行空间层面的分析。区位熵由哈盖特(P. Haggett)提出,最早用于研究分析某一地区主导产业或优势产业的选择问题。该指标通过分析产业在特定区域范围内的空间分布状况,判断该产业是否在该区域范围具备专业化发展优势。具体计算方法包括两种:一种是从就业人数的角度出发,另一种测度方式是利用产业的产值情况进行比较。按照本章的前述内容,本书仍然选择就业人数作为统计描述的基础数据,并在此基础上根据需要进行计算。区位熵的具体计算公式如 3.16 式所示。

$$LQ_{ij} = \frac{(E_{ij}/E_i)}{(E_j/E)} \quad (i = 1,2,3) \quad (j = 1,2,\cdots,6) \quad (3.16)$$

其中,LQ_{ij} 代表京津冀地区城市 i 内产业 j 的区位熵,E_{ij} 代表城市 i 内产业 j 的就业人数,E_i 代表城市 i 的所有产业就业人数,E_j 代表京津冀地区内 j 产业的就业人数,E 代表京津冀地区内所有产业的就业人数。从本质上讲,区位熵主要用于分析特定区域内某一产业在该区域内地的专业化水平。如果区位熵 LQ_{ij} 大于 1,则表明该产业在给定区域范围内的专业化水平比较高,属于该地区发展主导产业或支柱产业。如果区位熵 LQ_{ij} 小于 1,则表明该产业在给定区域范围内的专业化水平较低,不具备发展优势。另外,当区位熵 LQ_{ij} 的值大于 1 时,一般认为该产业不但在该区域范围内具备主导地位,而且在带动本区域发展的同时,还对周边地区存在一定的辐射作用。如果区位熵 LQ_{ij} 的值大于 2,则认为该产业具有很强的外向型发展特征,其发展空间已经突破特定区域范围,开始以更广阔的区域作为发展空间。基于此看法,有些学者提出了测定产业外向型特征的专业化系数,即产业外向型发展系数 = 1-1/区位熵,作为研究某一产业对周边地区的辐射能力。在此对外向型发展系数不再赘述。另外,需要说明的是,本书在采用区位熵对京津冀地区生产性服务业集聚程度进行分析时,假定考察期内北京、天津和河北的劳动生产率相同。如果劳动生产率不同,或在考察期内存在波动变化,那么对生产性服务业集聚程度会产生一定的扰动偏差。具体测算结果如表 3-13 所示。

表 3-13　京津冀生产性服务业区位商(LQ_{ij})

	2016	2015	2014	2013	2012	2011	2010
北京	1.5491	1.5217	1.4756	1.4505	1.4311	1.3533	1.3450
天津	0.6534	0.5949	0.7526	0.7591	0.8121	0.7665	0.7473
河北	0.7807	0.7983	0.7809	0.7967	0.8121	0.8691	0.8823

资料来源:根据京津冀各地区统计年鉴数据整理所得。

由表 3-13 可以看出,2010—2016 年,北京生产性服务业的区位熵系数呈现逐渐上升趋势,由 2010 年的 1.345051 上升到了 1.549127,7 年间上升了 15.17 个百分点。天津在考察期内的波动比较频繁,2010—2012 年,生产性服务业的区位熵系数呈现上升趋势,并在 2012 年达到了 0.811226。虽然与北京同年的系数相差 0.619918,但是之后出现了下滑趋势,并在 2015 年跌到谷底,只有 0.594945。这种急剧性的变化趋势,与北京形成了截然相反的变化态势。究其原因在于,北京大力发展生产性服务业,进而在京津冀地区范围内的空间占比急剧上升,相比而言天津的生产性服务业空间占比必然下降,7 年间下降了 13.01 个百分点。河北的区位熵系数变化情况则比较特殊,在考察期内,从 2010 年开始逐渐呈现递减趋势,尽管在 2015 年有所上升,但基本趋势并没有改变。河北一直以来以制造业立省,制造业在河北省经济发展结构中占据重要的主导地位。服务业尤其是生产性服务业发展相对缓慢,在从产业层面对京津冀地区生产性服务业集聚情况分析时,河北专业化水平相对较高行业主要集中在交通运输、仓储、邮政、批发、零售等传统行业,而诸如信息传输、计算机服务等高端生产性服务业发展相对滞后。随着京津两地生产性服务业的快速发展,河北生产性服务业的相对占比将持续下降。

另外,北京生产性服务业的区位熵值在考察期内始终大于 1,说明北京生产性服务业的外向型特征比较明显。这种外向型特征主要体现在对周边地区的辐射方面。按照《京津冀协同发展规划纲要》,天津要打造先进制造业基地,河北要加速制造业化发展进程,都离不开生产性服务业的融合互动和内在支撑。随着北京生产性服务业专业化水平的提高和空间集聚程度的增强,这种外向的辐射作用必然对天津和河北经济发展带来辐射效应。

除用区位熵分析了京津冀地区生产性服务业的空间集聚程度外,为了进一步验证上述变化趋势的稳健性,本书还利用地区平均集中率对区位熵的测度结果进行验证。地区平均集中率主要用于衡量特定区域内大类行业的集聚程度。具体计算公式如 3.17 式所示。

$$V_i = \frac{\sum_{j=i}^{6} S_{ij}}{j} \qquad (i = 1,2,3) \qquad (3.17)$$

其中,V_i 为京津冀区域内城市 i 生产性服务业的平均集中率,S_{ij} 为城市内行业 j 的就业人数占京津冀区域行业 j 总就业人数的比重。V_i 取值范围为 $[0,1]$,取值越大,表明城市 i 生产性服务业的集聚优势越明显。具体计算结果如表 3-14 所示。

表 3-14　京津冀生产性服务业地区平均集中率(V_i)

	2016	2015	2014	2013	2012	2011	2010
北京	0.1351	0.1335	0.1300	0.1264	0.1176	0.1069	0.1015
天津	0.0198	0.0176	0.0191	0.0197	0.0214	0.0210	0.0202
河北	0.0866	0.0859	0.0893	0.0898	0.0889	0.0956	0.0925

资料来源:根据京津冀各地区统计年鉴数据整理所得。

从表 3-14 可以看出,在考察期 2010—2016 年,北京生产性服务业地区平均集中率仍然处于逐年上升趋势,7 年间上升了 33.14 个百分点,这种变化趋势与区位熵测度的结果保持一致。天津生产性服务业地区平均集中率变化趋势与区位熵测度的变化趋势也保持一致,7 年间下降了 8.1 个百分点,并以 2012 年为分水岭,2010—2012 年生产性服务业地区平均集中率呈现上升趋势,2012 年天津生产性服务业的空间集聚程度占比开始出现下降趋势,但于 2016 年开始出现显著的反弹。河北生产性服务业地区平均集中率在考察期内始终处于下降趋势,7 年间下降了 10.28 个百分点,与区位熵的测度趋势一致。

综上可知,通过利用区位熵和地区平均集中率指标对京津冀地区生产性服务业集聚程度进行分析,北京生产性服务业集聚程度始终处于上升态势,而天津、河北在京津冀地区范围内的占比有所下降。由于区位熵和地区平均集中率仅代表特定区域范围内的占比情况,是一种比值关系,因此并不能否认天津、河北两地在考察期内生产性服务业产值的绝对性增长。

3. 推动生产性服务业集聚发展的建议

一是结合地区产业发展基础,把优势产业做大,把劣势产业补上来。通过比较分析京津冀三地生产性服务业的变化趋势可知,北京近年来高端生产性服务业获得快速发展,集聚程度不断提升,而天津与河北主要集中在传统服务行业的集聚上。从生产性服务行业的集聚趋势也可以看出,北京的产业结构水平和发展质量要高于天津和河北两地。基于上述分析,在生产性服务业集聚过程中,各地应该结合已有的自身优势,通过提高产业集聚的水平,推动优势产业获得规模发展的收益。由于不同生产性服务业发展所需的资源环境因素不同,各地区不能盲目发展新行业,以免重复建设和浪费资源。对于处于发展劣势的生产性服务业,应重点从本地产业发展的实际需求出发,通过接受邻近地区的辐射效应获得收益。对于本地急需而又发展滞后的生产性服务业行业,可以通过引资的方式吸引该行业的企业在本地设立分支结构,为当地产业发展提供内生动力和发展引擎。

二是正确处理好集聚与扩散的关系。集聚与扩散是产业空间分布的两种状态,两者之间根据产业发展需要不断进行转化。当地区产业处于发展初期时,在交易成本合理的情况下,企业为了获得规模效应,必然选择接近原材料采购地和需求市场,进而降低企业的市场成本。当集聚规模增大到一定程度后,资源要素过于拥挤所带来的负面效应开始出现,此时集聚效应规模开始递减。因此,在追求生产性服务业集聚的同时,要实时调整产业集聚规模以及产业的发展阶段特征,必要的时候可以在京津冀地区内部实行产业转移,进而获得更为广阔的发展空间。

三是消除行政壁垒,实现市场一体化发展。生产性服务业在京津冀地区间的协同集聚,必然会产生企业的迁移和资源要素的自由流动。由于企业的迁移和资源要素的流动,会牵涉转出地和转入地财政收入和就业率的变动,因此转出地政府一般对企业的外迁会严加管制。尽管企业有外迁的动机,以及转入地会提供比较优惠的条件,但是转入地政府的行政干预往往会阻碍生产性服务业在京津冀地区的空间集聚发展。因此,在《京津冀协同发展纲要》的指导下,打破"一亩三分地"的过去发展模式,各地区要站在京津冀协同发展的大框架下,共同推进生产性服务业在地区间的自由流动和发展,进而提升整体区域的竞争力水平。

第四节　京津冀地区生产性服务业与制造业协同集聚存在的问题

　　根据波特的竞争优势理论,在某个小区域范围内研究区域竞争力的提升,可以单独研究某个产业的集聚带来的竞争优势。但是把范围扩大到某些小区域组成的大区域,就必须从更高的层面来考虑产业集聚带来的优势,即不同产业协同集聚带来的竞争优势。在京津冀地区,北京在政治、经济、文化、科技方面占据优势地位,天津毗邻北京,与北京一起处于河北环绕中心,地缘优势非常明显,而且经济、科技、文化优势也比较突出。河北相对于北京、天津而言,资源禀赋丰富,三者在地理位置上的结合体使得该区域具备强大的发展潜力。但是如何把各自的优势结合起来拧成一股绳,实现京津冀三地之间的协同发展,目前还面临很多的现实问题。其中,如何推进生产性服务业与制造业的协同集聚就是当前急需解决的一个问题。

一、产业层面联动存在的问题

　　在论述京津冀地区生产性服务业与制造业协同集聚时,本书运用"柯布—道格拉斯"生产函数,对生产性服务业与制造业的生产要素进行分解和重组,发现两者在要素投入方面存在供求关系,即生产性服务业与制造业之间的产业联动关系非常明显。但是从具体的分析结果和影响因素看,也存在很多不足的地方。

1.京津冀地区生产性服务业对制造业的拉动作用相对较弱

从生产性服务业与制造业的关系看,两者存在很强的前后相关联。生产性服务业最早存在于制造业的生产服务环节,包括生产前期的研发设计环节、物资采购环节等,以及中后期的产品设计、物流配送、市场营销、法律咨询等众多环节。随着分工的不断加深和专业化程度的不断提高,生产服务环节逐渐从制造业独立出来,形成了规模化发展趋势,并形成了新的产业,即生产性服务业。从两者的渊源来看,生产性服务业独立并快速膨胀发展,主要是基于制造业市场的需求,即制造业所创造的巨大的市场需求推动了生产性服务业的快速发展。从这个角度可知,制造业对生产性服务业劳动作用比较大。

另外,生产性服务业从知识和技术密集度构成来看,与制造业的分类方法基本一样,也存在劳动密集型、知识密集型和技术密集型三种类型。其中,批发与零售行业、物流仓储等行业属于传统的生产性服务业,劳动力在生产要素中占据主导地位。金融业、信息通信、科学研究等行业则属于知识技术密集型行业,高级生产要素诸如人力资本、高新技术等在生产过程中占据主导地位。通过知识技术密集型生产性服务业与制造业的融合发展,可以有效推进制造业的转型升级。但是从论证的角度发现,京津冀地区生产性服务业对制造业的拉动作用并不大。究其原因,一方面,在京津冀地区中,北京生产性服务业发展迅速,且处于生产性服务业的高端位置,知识技术密集型服务业占绝主导地位,但是天津、河北省的生产性服务相对而言发展缓慢,且以制造业为地区的主导产业。由于行政分割壁垒,北京生产性服务业根据市场需要流动受限,限制了京津冀地区生产性服务与制造业的协同集聚,进而减弱了北京高端生产性服务业对天津、河北两地制造业拉动作用。因此,要改变现有生产性服务业发展的不均衡状态,提升生产性服务业对制造业的拉动作用,就必须按照市场调节资源要素的规则,打破地方行政壁垒,通过产业转移实现京津冀地区生产性服务业与制造业的协同集聚。

2. 京津冀地区生产性服务业与制造业协同集聚的动能需要转换

固定资产投资对制造业产出仍然发挥着重要作用。在工业化早期,甚至延续发展到工业化中期,固定资产投资一直对制造业发展乃至整个国民经济的发展发挥着重要的推动作用,并始终占据着经济发展的"动能"地位。但随着我国经济发展进入新常态,经济发展的动能也急需进行转换,只有这样才能在工业化中期和后期阶段实现经济平稳高效的发展,并提升我国产业的整体竞争力。在这种大背景下,国家"十三五"规划明确提出要实现经济发展的动能转换,由投资驱动向创新驱动转换。当然投资驱动是基础,是长期以来支撑经济发展的基本动力,历史证明了固定资产投资在我国早期阶段的显著驱动成效。但是在创新发展背景下,动能向创新驱动占主导地位转换,是历史发展的必然趋势,也是外部竞争的必然需求。

目前,京津冀地区生产性服务业与制造业在协同集聚过程中,从实际操作来看,主要停留在产业转移的层面,通过异地设厂等措施实行固定资产的再投资,进而在当地实现生产性服务业与制造业的协同集聚。这种行为往往基于政府力量的大力推动,从外在特征看,似乎完成了生产性服务业与制造业的协同集聚,却忽视了内在的产业协同性,彼此之间的创新动能没有激发出来,陷入徒有虚表的政绩工程。因此,京津冀地区要实现生产性服务业与制造业的协同集聚,必须把创新驱动作为产业协同集聚的基本动力,而不能只依靠固定资产投资来拉动京津冀地区生产性服务业与制造业的协同集聚。

3. 京津冀地区城市化水平对生产性服务业与制造业协同 集聚影响不明显

从京津冀地区的地理位置来看,北京、天津内嵌于河北省内,在京津冀地区占据较小的面积。而河北省环抱北京、天津两个直辖市,无论从人口资源环境还是经济发展方面,都对京津冀地区的整体水平有着重要的影响。这一点可以从该地区的城市化发展水平进行论证。衡量一个地区的经济发展水平可以有很多的指标,但是城市化水平作为一个综合指标,涉及该地区的城镇人口密度、城镇建设规模等各种因素,如果继续向外延延伸,还会涉及城市基础设施建设、教育医疗保障等各个方面,因此,在测度某一地区经济发展程度时,城市化具有很强的代表性。目前,我国三大城市群京津冀、长三角、珠三角的城市化水平都比较高,但是具体到本书所研究的京津冀城市群,发现内部城市化水平极不平衡。北京、天津作为直辖市,无论在经济发展水平还是社会医疗保障水平方面,城市化水平都走在了全国前列,但是河北省由于地域面积比较大,在产业结构方面农业仍然占据较大比重,因此城市化水平相对较低,甚至在北京、天津周边形成了较为严峻的"环京津贫困带",因此,河北省城市化水平较低,拉低了京津冀地区的整体城市化水平。

结合京津冀地区的城市化水平,就不难解释为何城市化水平对生产性服务业影响不大。由于生产性服务业属于知识技术密集型产业,对空间布局区位的选择往往倾向于商业基础比较发达的城市中心区,以便获取更为有利的发展空间和便利条件。但是京津冀地区城市化水平的严重不均衡发展态势,造成生产性服务业集中布局在北京、天津两地。尽管河北省也大力发展金融业等现代生产性服务业,但整体上以商品批发与零售、物流交通和仓储为主要支撑行业,高端生产性服务业发展相对较弱。受生产性服务业区位选择的条件所限,在推动京津冀地区生产性服务业与制造业协同集聚的过程中,由于河北省城市化水平较低,生产性服务业在产业转移城中倾向于在北京、天津以及河北省的中心城市如石家庄等地进行空间布局,而对中心城市周边区域的布局较少,使得该区域生产性服务业与制造业的协同集聚度较低,彼此之间的联动作用减少。从长远来看,这将阻碍中心城市周边区域的经济发展,使得京津冀地区不平衡发展现象持续存在。因此,如何推动河北省地区城市水平提高,进而改善当地生产性服务业发展的环境条件,才能实现生产性服务业与制造业在该地区的协同集聚。

4. 京津冀地区外商直接投资对生产性服务业与制造业协同集聚作用不强

外商直接投资(FDI)作为国际资本的一种流向,主要以综合资本为载体,并将知识、技术等生产要素投进资本流入地。外商直接投资对于流入地有效缓解发展资金不足、产业结构转型升级具有直接的推动作用。在20世纪及以前,随着第一次、第二次工业革命的到来,第二产业获得了高速发展,并成为主要工业化国家发展的主要动力。根据资本的逐利属性,为了在全球获得更高的投资回报,外商直接投资的领域主要表现为制造业,进而带动了全球工业化进程的发展。20世纪发生的金融危机以及发达国家制造业回流的趋势,导致全球制造业重新回归本土,对全球外商直接投资的流动也带了显著的影响,直接表现为外商直接投资额度在全球流动额的下降,从反面直接证明了外商直接投资与制造业之间的紧密联系关系。进入21世纪,随着发达国家工业型经济逐渐向服务型经济过渡,服务业在三次产业结构中的比重不断上升,甚至在一些国家的比重反超第二产业比重,成为第一大产业。由于生产性服务业的本质属性在于服务制造业的发展,为了实现全球化发展战略,生产性服务业主要表现为跟随制造业在全球范围内进行空间协同布局。为了获得高额的回报率,外商直接投资开始在全球流向制造业以及与制造业协同集聚发展的生产性服务业,以减少制造业回流造成的损失。

但是结合京津冀地区生产性服务业与制造业协同集聚的产业关联分析,发现外商直接投资对生产性服务业与制造业协同集聚发展的推动作用不明显。一方面,外商直接投资主要投向制造业领域,短期内可以获得高额利润,但在无形中有可能助推了产业结构更加不合理,导致制造业产出过剩的现象加剧。另一方面,由于京津冀地区生产性服务业发展不平衡,除了北京生产性服务业体系发展比较完善外,天津和河北的生产性服务业无论在多样化水平还是发展质量水平方面都比较低,发展基础比较差,造成外商直接投资的回报率比较低,阻碍了外省直接投资对京津冀地区整体生产性服务业的投资力度。从短期看,外商直接投资的领域差异性直接导致产业发展的不平衡,制造业由于获得投资进而规模不断扩大,而生产性服务业由于得不到外商直接投资,仅靠本地资本扶持难以获得高速发展,长期发展下去必然导致产业结构的不合理。从长期看,在国家提出进入经济新常态的背景下,我国的发展动力要实现由投资驱动向创新驱动转变,必须引导外商直接投资向创新领域发展。从生产性服务业与制造业协同集聚的角度,两者协同发展属于二、三产业协同推进经济发展的"双轮驱动效应",能够为京津冀地区的长期发展提供持久的发展动力。由于生产性服务业的知识、技术密集度比较高,而制造业又为生产性服务业的规模化发展提供了巨大的市场需求,因此两者的协同集聚必然带来产业结构的转型升级和生产效率的提高,进而带来产业内部融合发展的技术创新。基于上述分析,如何引导外商直接投资流向生产性服务业领域,促进生产性服务业与制造业的协同集聚,是当前京津冀地区发展面临的一个现实问题。

5.京津冀地区产业结构不合理阻碍了生产性服务业与制造业协同集聚

随着京津冀协同发展上升为国家战略,该地区的整体产业结构不断得到优化,开始由第一产业为主导的产业结构向二、三产业为主导的产业结构转变。从京津冀地区内部各自产业结构比重看,北京第三产业发达,但是制造业比重较小。随着近年来北京非首都功能疏解政策的逐步实施,更多与北京城市定位不相符合的制造业会陆续转移出去,制造业的比重会继续降低。2017 年,北京三次产业结构比重由 2016 年的 0.5∶19.3∶80.2,调整为 0.4∶19.0∶80.6,第一、二产业的比重继续下降,第三产业的比重仍在攀升,说明产业结构水平不断提高,并在很大程度上拉升了京津冀地区的整体产业结构发展水平。天津制造业与生产性服务业在京津冀地区内均具有一定的比较优势,但是相对于北京而言,无论在制造业还是生产性服务业发展方面都落后于北京。从制造业来看,天津发展过重依赖重化工业,石化、冶金等占据较大比重,在京津冀地区生态环境保护协同治理下,重化工业受到了严重影响,并直接导致天津 2017 年经济增长速度只有3.6%,严峻的经济发展形势为天津发展转换经济发展动能敲响了警钟。如何转换经济结构,大力发展第三产业,推动生产性服务业与制造业协同集聚,进而带动制造业转型升级成为当前天津爬坡过坎必须面对的现实问题。再看河北省的产业结构现状,产业结构比重由 2013 年的 11.9∶52.2∶36.0,到 2015 年的 11.5∶48.5∶40.0,再到 2017 年的 9.8∶48.4∶41.8,从变化趋势可以看出,第一产业、第二产业的比重都趋于稳定的下降趋势,第三产业的比重趋于稳定的上升趋势,总体来看这是一种向好的发展趋势。第二产业占据主导地位,与河北省的实际情况和历史延续的产业结构有关,但是第三产业的比重较过低会影响生产性服务业的发展,并直接影响到制造业生产效率的提升。

综合京津冀地区各自的发展特点可以看出,从促进生产性服务业与制造业协同集聚的角度,北京尽管服务业尤其是生产性服务业比较发达,但生产性服务业的快速发展和持久的发展动力,需要制造业市场提供更大的市场需求和更大的支撑。而天津、河北按照发展定位,也必然需要通过生产性服务业提供更全面、更专业、更深入的服务支撑,提升制造业的生产效率和发展水平,进而实现产业结构的转型升级。如何打破京津冀地区"一亩三分地"的固化思维,突破北京、天津、河北三地之间的行政分割,真正实现产业结构一体化,分别利用三地产业结构的比较优势,从京津冀整体区域对产业结构进行调整优化,最终推进生产性服务业与制造业的协同集聚发展,是当前必须解决的问题。

二、空间层面联动存在的问题

1.京津冀地区生产性服务业与制造业的空间布局不对称

基于京津冀地区制造业现状分析的基础可以看出,河北制造业的集聚程度最高,按照平均集中率指标的统计结果,近年来河北制造业的集聚程度呈上升趋势。这与河北长期以来完整的制造业体系有很大关系。随着北京非首都功能疏解政策的实施和雄安新区的设立,符合疏解范畴的制造业开始由单独疏解进入集中疏解的阶段,未来河北制造业的集聚程度会进一步提升。相对而言,北京的大量制造业会按照疏解政策的要求,不断向周边地区转移,降低了北京制造业的集聚程度,但是高端制造业或先进制造业会在北京不断集聚发展。在国家实施非首都功能疏解政策前,天津借助滨海新区开发开放的先行政策,致力于打造北方先进制造业基地,通过与北京的产业合作发展,成为北京疏解制造业的首选之地,制造业集聚程度得到了提升。因此,从北京非首都功能疏解的角度可以看出,京津冀地区制造业的空间布局正在发生变化,北京制造业的集聚程度不断下降,而天津、河北的集聚程度不断上升。由于天津和河北在承接北京制造业转移的过程中,基于自身利益的发展必然存在竞争,对于如何处理好京津冀地区制造业的协同发展,也存在一个现实的问题。另外,从制造业转移的趋势来看,除了北京向天津、河北两地转以外,如果从京津冀地区整个背景看,前些年京津冀地区制造业主要集中分布在京津走廊以及河北省主要城市的核心区县。具体来看,北京制造业主要分布在城市核心区的拓展区,天津制造业主要分布在东部的临港制造业区,而河北则主要分布在一些大中城市的核心区,冀中南和冀中北地区制造业发展比较弱。经过十几年的发展历程,京津冀地区制造业区域分布发生了显著的变化,制造业分布格局逐渐向东部沿海、冀中南腹地扩散,东部的唐山、秦皇岛以及冀中南腹地的石家庄、邢台、邯郸等地的制造业生产总值比重不断上升,出现了多核心发展的布局。

在分析完京津冀地区制造业空间分布的现状以及近年来空间转移的趋势,接下来比较分析一下该地区生产性服务业的空间分布现状和转移情况。通过对京津冀地区生产性服务业集聚现状的分析可知,近年来北京、天津的生产性服务业相对专业化指数不断下降,多样化程度不断提升,说明两大直辖市的生产性服务业获得了较好的发展,与制造业协同发展的匹配程度不断得到提升,对当地制造业的融合带动作用也比较突出。但是河北的生产性服务业相对专业水平出现提高,说明河北的生产性服务业更加注重专业化程度的提升,而多样化相较北京、天津而言比较低。如果从生产性服务业与制造业的匹配程度来看,概率要小于北京、天津对制造业的融合提升程度。另外,从京津冀地区生产性服务业集聚的变化趋势来看,北京生产性服务业无论在多样化水平还是发展质量方面,都高于天津、河北两地,而且这种趋势近年来变得特别明显,即生产性服务业不断在经济发达地区如北京、天津集聚,而河北生产性服务业比重却不断降低。这与制造业的转移趋势在空间布局上出现了逆向流动,对于生产性服务业与制造业的协同集聚极为不利。因此,本书认为京津冀地区生产性服务业与制造业在地理空间上的集聚存在不对称的现象。

2. 北京地区的虹吸效应过大阻碍了生产性服务业与制造业协同集聚

生产性服务业与制造业的协同集聚,从空间层可以看出,两者必须在同一地理空间范畴内才能实现协同集聚的规模效应。但是从现实来看,北京已经进入工业化的后期阶段,服务业在国民经济发展结构中占据主导地位,为生产性服务业发展提供了良好的生长和发展基础,造成周边生产性服务业发展的各种要素不断向北京集聚,形成了强烈的"虹吸效应"。在分析京津冀地区生产性服务业空间转移的趋势时,也提到了生产性服务业在京津冀地区分布的不均衡现象,而且这种现象近年来出现了更加严峻的态势。例如,在滨海新区开发开放背景下,天津近年来采取多种手段吸引人才落津,但效果并不明显。这与天津本身在宜居环境、营商环境、创新环境等方面存在的不足有关,但在北京"虹吸效应"下形成的高端人才资源流向北京占据了很大原因。从交通来看,天津相对北京而言,偏安于国家版图的东北部,毗邻渤海湾,而北京作为国家首都,无论从轨道交通、高速公路还是航空方面,在地理位置都占绝了绝对优势,而天津出行很多都要绕道北京,这就限制了天津资源要素的集聚和发展。同样的,由于河北环抱北京、天津两地,在北京、天津两大直辖市的"虹吸效应"下,大量资源要素流向北京、天津,造成了严重的"环京津贫困带"。这种过大的"虹吸效应"阻碍了生产性服务业与天津、河北两地制造业的协同集聚,对两地发展的辐射效应并没有充分发挥出来。

3.地区间产业发展基础不同限制了生产性服务业与制造业协同集聚的效果

尽管天津、河北在北京非首都功能疏解过程中获得了难得的发展机遇,但是在产业转移过程中也存在一些现实问题。首先从制造业转移的角度看,天津、河北的工业基础比较完善,尤其是河北地域辽阔,制造业在国民经济发展中占据主导地位,是当地经济发展的主要支撑。但是从制造业的产业结构来看,天津、河北都存在结构偏重、偏旧的现象。比如河北多年来过度依赖重化工业和冶金业的发展,在承接北京中高端制造业时存在对接差距,造成转出地产业在转入地落不了地。如果强行落地,相关配套产业和配套设施跟不上,会造成产业转移萎缩,更不利于京津冀地区的协同发展。从生产性服务业转移的角度看,在京津冀地区内北京生产性服务业一枝独秀,无论在发展水平还是集聚程度方面,都占据绝对的优势。在推进京津冀地区生产性服务业转移时,由于一些生产性服务业诸如科学研究、信息通信、科技研发等行业对当地的发展环境要求比较高,而天津、河北在劳动力素质、创新环境、信息化水平、交通设施等相关配套服务方面无法满足产业的落地发展,阻碍了生产性服务业的地区转移。

另外,从产业融合发展的角度看,京津冀地区产业发展的不平衡也阻碍了生产性服务业与制造业的协同集聚。通过对京津冀地区生产性服务业分行业研究发现,北京近年来在生产性服务业方面获得了快速发展,尤其体现在信息传输、计算机服务、软件业、金融业、科学研究、技术服务等高端生产性服务业领域,而天津、河北的制造业结构水平比较低,因此,北京生产性服务业与天津、河北制造业的融合发展只能在知识技术密集型的制造业领域,而资本密集型和劳动密集型的行业由于无法实现与高端生产性服务业的融合发展而得不到快速提升。因此,京津冀地区产业发展基础不同也限制了生产性服务业与制造业协同集聚的进度。

4. 交通设施分割阻碍了生产性服务业与制造业的协同集聚

目前,京津冀协同发展重点提出先在产业结构、生态环境保护和交通设施等领域率先实现一体化发展,但就目前情况来看,京津冀交通一体化发展还没有完全实现。产业未动,交通先行。研究京津冀地区生产性服务业与制造业协同集聚,实质就是产业在京津冀地区的转移活动。交通作为产业转移的载体,对生产性服务业与制造业的协同集聚的速度、程度,以及集聚的方向和地点都产生重要的影响。从理论上讲,交通设施越发达的地区,越有利于资源要素的便利流动,越能推动产业实现转移。在距离方面,两地距离越近,越容易发生产业转移。但目前京津冀地区还存在很多"断头路"急需打通。比如,受行政体制分割的影响,修建省级公路时,在北京与河北接壤的地方出现了截然不同的两种局面,一边是平坦宽阔的柏油马路,一边却是泥泞不堪的乡村土路,从交通设施方面就限制了北京生产服务业与制造业向河北地区的转移。另外,从劳动力角度看,为了上班方便,很多人选择居住在产业的集聚地。在产业转移困难的前提下,劳动力基本上处于停滞状态,束缚了劳动力在京津冀地区的自由流动。在京津冀协同发展框架指导下,京津冀交通一体化作为重点突破领域,各种轨道交通开始提上日程,缩短了京津冀地区的通勤时间,在一定程度上减少了交通不发达造成的产业难以协同集聚的问题。但就目前来看,如何推动交通一体化与产业的协同集聚并行前进,最终推动产业在京津冀地区的高效合理流动,是近几年亟待解决的问题。

三、制度安排层面存在的问题

1. 推进生产性服务业与制造业协同集聚的市场作用
尚未充分释放

随着经济发展进入新常态,在供给侧结构性改革背景下,市场在资源配置中要发挥决定性作用,政府应站在监督和服务的位置,保障市场作用的充分发挥。在推进京津冀地区生产性服务业与制造业协同集聚过程中,北京非首都功能疏解政策的实施和国家设立雄安新区成为当前推动京津冀地区产业转移的最大推力。通过政府手段推动产业在京津冀地区的转移,能够有效缓解京津冀三地之间的经济发展差距,缩小产业对接鸿沟,最终通过产业一体化实现京津冀协同发展。但有一点必须明确,国家推动京津冀地区产业转移的目的,除了解决北京人口资源过度密集造成的"大城市病"问题,更重要的是想借此产业转移的机会,推动京津冀地区产业结构的整体转型升级。北京在疏解非首都功能性产业时,并非简单地将生产效率低下、环境污染严重的产业向周边扩散,而是按照雄安新区的产业规划和京津冀地区产业一体化发展的需要,实时转移促进当地经济发展的相关产业。同样的道理,天津与河北在实施产业互相转移的过程中,也必然要遵循产业结构转型升级的基本要求。因此,在实施产业转移过程中,从短期来看,京津冀协同发展和北京非首都功能疏解政策的实施都是由政府启动并逐步推进,但后期的产业转移必须交给市场进行调节,而不是政府单独推动。政府进行顶层设计,市场发挥调节作用,各自的定位必须明确。

从理论上来看,企业逐利的性质决定了按照市场规律进行空间布局,是一种高效率的资源配置方式。从企业层面来看,在市场经济条件下,企业根据损益关系来决定企业是否进行空间转移。随着产业生命周期的变化,当产业所需资源要素发生变化时,企业会按照比较优势成本选择产业的空间集聚地。只有当企业在转出地的比较优势成本丧失,产业生命周期处于衰退阶段,收益开始下降,企业才会产生从转出地向合适的转入地迁移的利益冲动,即进行产业的空间再集聚。但在现实中,体制机制的不完善阻碍了市场作用的发挥。比如,政府提出了京津冀协同发展,各地政府通过企业对接或者产业对接实现协同发展,但主要是基于政府层面的推动。市场层面的自发对接,却因受到行政区域分割的限制无法实现,尤其体现在生产性服务业转移方面。在京津冀地区生产性服务业与制造业协同集聚的产业关联研究中就发现,市场化水平对制造业产出的拉动作用加大,但对生产性服务业产出影响不大,与该领域市场化程度低有关。另外,在实际操作过程中,还存在与国家意愿不相符合的一些问题。发达地区为了实现"腾笼换鸟"的目的,借助京津冀地区产业转移的机会,把本地区低端产业和污染较为严重的企业外迁,甚至在转移过程中依靠行政力量进行强制干预,不但没有拉动转入地产业结构的转型升级,反而增加了生态环保的负担。因此,如何完善市场机制在推进京津冀地区生产性服务业与制造业协同集聚中的作用,是当前必须解决的一个现实问题。

2. 推进生产性服务业与制造业协同集聚的利益补偿机制尚不完善

推进京津冀地区生产性服务业与制造业协同集聚,具体到微观层面就是企业的转移和资源要素进行跨地区的流动。这种基于产业协同集聚目标而进行的产业转移,必然会牵涉两大利益主体,一方面是产业转出地政府与转入地政府之间的利益博弈,另一方面是企业从转出地流入转入地的利益博弈。从政府的角度分析,随着产业发生转移,会牵涉转出地和转入地财政收入和就业率的变动,因此转出地政府一般会对企业的外迁严加管制。尽管企业有外迁的动机,以及转入地会提供比较优惠的条件,但是转入地政府的行政干预往往会阻碍生产性服务业在京津冀地区的空间集聚发展。具体到当前实施的北京非首都功能疏解政策,按照企业税收属地原则的征集办法,随着北京非首都功能产业的疏解,企业的转出必然导致北京财政税收的减少,这对政府而言是不愿意看到的结果。另外,北京产业的疏解会导致从业人口随着产业外迁,但现实中很大一部分从业人员选择留在北京工作,这就造成从业岗位的减少和就业率的下降,直接危及首都的社会安全与稳定。因此,在实施非首都功能疏解的过程中如何处理好转出地政府与转入地政府之间的利益分配关系是一个重要问题。从企业转移的角度分析,企业往往根据损益关系来决定企业是否进行空间转移。按照市场调节规律,只有当企业在转出地的比较优势成本丧失,产业生命周期处于衰退阶段,收益开始下降,企业才会产生从转出地向合适的转入地迁移的利益冲动,即进行产业的空间再集聚。但是在政府推进京津冀协同发展背景下,尤其是北京为了缓解人口资源密集度过高的严峻形势,采取政府指导和推动的方式进行,必然对纳入疏解范围的现有企业产生重要的影响,包括资源要素的成本变化、创新发展环境的改变以及企业需求市场的变迁,都是被疏解企业面临的一系列不确定问题。在按照政府顶层设计的规划实施中,如何保障市场主体企业的基本利益,是当前推动产业转移实现生产性服务业与制造业协同集聚必须面临的另外一个问题。

另外,为了实现生产性服务业与制造业协同集聚,在实施产业转移过程中形成的生态环境成本如何进行补偿也是必须面对的问题。从理论上讲,在市场规律作用下,企业为了追逐更高的利润,必然要寻求更好的空间布局,但对生态环境造成的外部效应是不予考虑的,这也是早期一些工业化国家在发展过程中被迫采用的"先污染后治理"措施。在国家实施生态环境保护攻坚战下,尤其是近年来京津冀地区大气污染严重,细颗粒物(PM2.5)值居高不下的背景下,企业在发展过程中所承担的社会责任逐渐提上日程,并通过碳交易和排放税等一系列措施扭转了企业生产中所造成的外部不经济社会成本。为了推动京津冀地区生产性服务业与制造业协同集聚，在产业转移过程中，如何处理好生态环境保护与承接产业转移，推动当地产业结构转型升级也是当前必须解决的另一个现实问题。

3. 推进生产性服务业与制造业协同集聚的协调组织尚不完善

在京津冀协同发展领导小组和专家咨询委员会的指导下，京津冀协同发展实现了良好的开局，推进协同发展的各种规划相继出台，内容涉及产业、交通、环保、科技等多个领域。截至 2017 年 11 月，围绕《京津冀协同发展规划纲要》编制的专业性规划就已经达到了 12 个。这些专业性的规划都是京津冀地区跨省级行政区的一体化纲领，对于指导京津冀地区在各个领域实现一体化发展具有重要的指导意义。但从推动京津冀地区生产性服务业与制造业协同集聚的角度，这些专业性的规划还远远不够。推动产业结构一体化，是推动京津冀协同发展的基础。生产性服务业与制造业的协同集聚牵涉该地区二、产业的协同发展，无论从产业结构转型升级的层面还是区域经济发展的层面，都存在"牵一发而动全身"的效应。比如，要实现生产性服务业与制造业的协同集聚，就必须先处理好生态环境保护、税收协调机制、交通一体化等众多领域的关系。如果单靠制定某一方面或某一领域的协同发展规划，必然会受到其他领域的牵制而无法达到推动产业协同集聚的效果。因此，在《京津冀协同发展规划纲要》指导下，除了制定不同领域的协同发展细则，还需要站在宏观调控的高度对各个协同发展领域的衔接部分进行深入研究，以产业协同集聚为"牛鼻子"，推进京津冀地区的高水平协同发展。

第四章

京津冀地区生产性服务业与
制造业协同集聚的理论分析与实证检验

　　"机理"一词源于希腊文,最早主要用于说明机器的内在结构和工作原理。因此,从机理的原始概念看,一是为了说明机器的内在结构,即机器由哪些元部件构成;二是构成机器的这些内在元部件是如何相互作用实现运行目标,即机器运行的内在规律是什么。随着机理的范畴不断延伸,机理一词逐渐被引用到其他领域,进而就产生了不同的内在机理。在生物领域,内在机理主要指生物体的内在构成部分,以及各部分之间发生相互作用的物理、化学等各种变化规律,诸如植物的光合作用机理,或者生物的条件反射、肌肉收缩内在机理,也包括有机体内各器官的相互协调作用的方式等。在社会领域,内在机理主要指社会的内在构成部分,以前主要指政治、经济、文化等内在因素。由于所研究的历史阶段不同,环境和背景也不同。因此,研究内在机理还必须和当时的外在发展环境相结合。党的十八大以来,国家提出了"五位一体"新的社会结构,即社会集经济建设、政治建设、文化建设、社会建设、生态文明建设于一体。为了实现"五位一体"的内在合理布局,需要深入研究社会建设的五个方面内在的协同发展规律和相互作用的内在机理。如果将原始概念的机理一词用于经济领域,则是指在一定的经济机体内,各构成要素的存在性,以及为了实现某个经济目标,各要素之间通过相互作用而产生的一种功能性原理,具体包括要素之间相互作用的具体实现方式、外在的约束条件和上升到一般层面的规律性。研究经济领域的内在机理,目的就是协调各要素之间的关系,以实现更好的运行功能。同样的道理,由于内在机理的运行受外在环境的影响约束,因此,研究经济领域的内在机理时,也必须考虑到外在环境的影响制约因素。

基于对"机理"的概念性分析,具体到本书所研究的生产性服务业与制造业协同集聚的内在机理,主要指生产性服务业与制造业协同集聚的内在组成部分,各部分之间的相互作用关系,以及为了实现这种促进关系所需要的外部支持条件如体制或制度等因素。具体来讲,本书中研究的产业协同集聚的内在组成部分主要包括产业之间的内在关联和产业之间的空间协同定位两部分。在研究中,除了对产业之间的关联和空间协同定位的内在机理分别进行研究外,还必须深入分析两个子系统的内在机理之间又是如何相互作用并构成了生产性服务业与制造业协同集聚的内在机理。由于所有领域的内在机理的运行都需要在一定的外部环境下运行,因此本书的研究主要置于京津冀协同发展的背景下,从协同发展的体制或制度方面进行分析。

第一节　生产性服务业与制造业协同集聚的理论分析

正如上文提出机理一词的概念,在研究京津冀地区生产性服务业与制造业协同集聚时,首先应对生产性服务业与制造业协同集聚的内在机理研究透彻。只有充分了解了两者协同集聚的内在组成部分、各部分之间的相互作用关系,以及外在因素的支持条件等内容,才能更有针对性地提出推进京津冀地区生产性服务业与制造业协同集聚的建议和对策。基于此研究目的,笔者发现生产性服务业与制造业之间的内在产业关联即产业之间的联动构成了彼此间协同集聚的前提条件,正如在理论文献分析中所指出的产业关联理论,产业间内在的投入产出关系加深了产业之间的内在关联性。这种内在的投入产出关系,不仅表现在产业层面,也表现在空间层面产业之间的空间协同定位即产业的空间联动。另外,生产性服务业与制造业在协同集聚过程中所产生的双重关系,即产业联动和空间联动不是彼此孤立的,而是可以相互传导进而实现生产性服务业与制造业协同集聚的内在机理。

一、基于产业联动的理论分析

生产性服务业与制造业协同集聚主要表现为融合、互动与协调,存在一种共生的关系。在早期生产条件下,生产性服务业作为生产环节存在于制造业中,主要靠企业内部组织实现生产环节的协调。随着社会分工深化,生产性服务业从制造业的生产服务环节剥离出来,通过专业化和规模化发展逐渐成为一种新的产业形态。过去"大而全""小而全"的生产组织模式不复存在,取而代之的是制造业向核心技术和价值链高端环节不断攀升。由于生产性服务业与制造业存在天然的共生关系,随着产业融合发展趋势的不断增强,企业间的边界越来越模糊,产业之间的相互渗透更加强烈,生产性服务业与制造业的协同集聚趋势重新占据了主导地位。从产业层面看,这种协同集聚的基础源于产业的供求关系。生产性服务业作为供给方为制造业的生产环节注入了中间服务产品,在改变生产组织过程提高生产效率的同时,通过增加生产迂回程度延伸制造业的价值链。制造业作为需求方,借助生产性服务业作为中间投入品完成生产,并使生产过程更加专业化,生产效率更高。同时,制造业对生产性服务业供给质量要求的不断提升,也推动了生产性服务业的创新发展。但从两者互动的角度看,生产性服务业作为需求方,在借鉴制造业专业化生产和程序化生产的过程中,对制造业的产品尤其是设备装置等存在市场需求,并通过技术指标倒逼制造业不断改良生产线提高产品质量。而制造业作为供给方,必须高标准提供硬件设备诸如通信设施、商务设备等产品获得市场需求。基于上述共生关系和供求关系,本书从产业联动的角度对生产性服务业与制造业协同集聚的作用机理进行深入分析。

1. 生产性服务业推动制造业协同集聚

生产性服务业推动制造业协同集聚,主要指生产性服务业通过降低制造业生产成本、交易成本、提高生产效率和增强制造业产品差异化竞争优势来实现两者的协同集聚。

一是降低制造业生产成本。生产性服务业在脱离制造业成为专业化业态之前,主要作为生产服务环节存在于制造业。从生产成本的角度来看,生产服务环节作为生产成本中的固定成本存在,只有当生产服务外包的成本低于制造业自己经营的成本时,制造企业才有动力将生产服务环节实行外包,进而降低企业的生产总成本。在实施外包的过程中,关于生产服务环节的固定成本变成了企业的可变成本。当需要时可以直接从外部的市场交易中获得,不需要时可以避免固定成本造成的沉淀成本损失。制造企业在决定是否将生产环节外包的过程中有了成本的比较优势,因此可以有效降低企业的生产总成本。当然,上述生产成本的降低也存在一定的利益博弈关系,除了能否降低企业生产服务环节的生产成本外,决定企业是否外包的另一个重要因素则是该环节的技术因素。如果交易市场上的生产性服务无法找到适合制造企业生产发展的需要,则企业倾向于实行内化生产。另外,如果制造企业的生产服务环节涉及专利技术等秘密等级,为了提高自身企业和产品的竞争优势,往往也会选择将生产服务环节留在制造业生产过程中。所以,生产性服务业提高制造业生产成本也存在一定的前提与约束条件。

二是降低制造业交易成本。生产性服务业相对于制造业而言,犹如润滑剂一样,协同制造业实现交易成本的降低。在降低制造企业搜寻成本方面,生产性服务业通过提供劳动力就业市场、猎头公司等服务平台,帮助企业实现了"劳动力池"的建造,在需要"招兵买马"时可以通过劳动中介公司等途径快速匹配到合适的员工。在资金周转方面,生产性服务业通过提供金融服务,帮助大、中、小制造企业实现快速高效的融资,尤其是融资租赁模式的创新,在成套机械设备的融资租赁方面降低了企业的搜寻成本,而且降低了企业的融资风险和固定成本,避免了沉淀成本的生成。在技术服务方面,生产性服务业通过提供远程终端技术服务等内容,提高了制造企业的远程沟通,无论在空间距离还是时间方面,都大大提高了制造企业之间的畅通交流,降低了彼此之间的信息交易成本。在物流控制方面,通过生产性服务业的仓储运输等方式,降低了制造企业自营成本,而且能够通过专业化的高效仓储运输模式降低企业的固定成本,加速制造企业生产要素的流动速度。在产品销售环节,生产性服务业凭借行业完善的服务系统,通过提供高效的市场营销体系,从产品外形的设计到精美包装等系列环节,都有效减轻了制造企业面对需求市场的压力,促进了制造业产品价值的快速实现。

三是提高制造业的生产效率。生产性服务业推动制造业生产效率的提升主要通过前后向溢出效应实现。首先,随着社会分工的不断深化,生产性服务环节从制造业脱离出来,经过专业化水平的提升和发展规模的扩大,逐渐形成了独立的产业形态,并且在知识和技术层面获得了尖端优势。如果从产业垂直关联的角度分析,在生产服务环节脱离制造业之前,两者属于垂直一体化,随着生产性服务业脱离制造业并形成专业化的产业形态,两者开始由垂直一体化向垂直专业化转型,表现为两种专业性产业形态之间的垂直关联。在垂直专业化产业形态的基础上,产性服务业作为制造业的中间投入产品,一方面凭借尖端的知识和技术优势嵌入制造业生产领域,可以有效提升制造业的生产效率;另一方面,生产性服务业与制造业又互为需求关系,生产性服务业在发展过程中,除了对自身服务业提出需求,并以服务产品作为生产性服务业扩大再生产的中间投入品,制造业产品也往往成为生产性服务业扩大再生产的中间投入品。尤其在自动化发展进程中,生产性服务业为了提高生产效率,实现服务产品的标准化发展流程,通常会采用制造业的生产模式对生产性服务业的生产环节进行调整和改善,最终实现标准化和批量化的生产。从生产性服务业的生产环节看,对生产领域中硬件设备的需求必然创造对制造业的市场需求,对硬件设备的高质量需求,必然促进制造业产品质量和水平的提升,进而要求制造业不断改革创新,以适应生产性服务业发展的需求。另外,有些生产性服务产品必须依附于一定的物质载体才能实现服务目的,比如交通运输、物流仓储、批发与零售等行业,对服务载体的需求提高带动了制造业的生产效率。

四是增强制造业的产品差异化竞争优势。按照生产性服务业的服务领域划分,生产性服务业主要包括传统生产性服务业和现代生产性服务业两种,其中交通运输、物流仓储、批发零售等行业属于传统的生产性服务业,而科学研究、研发设计、信息通信、金融租赁等属于现代生产性服务业。生产性服务业能够增强制造业的产品差异化竞争优势,主要通过两方面实现,一是物质化的差异,主要突出产品本身的竞争优势。比如,通过融入生产性服务业提高制造业生产效率,降低了单位产品的生产成本,进而增加了产品在同类产品市场的竞争力。通过对产品外观的优化设计和简约包装,使产品更加具有直观的亲和力和吸引力,都能够突出产品的差异化竞争优势。另一种则是精神层面的差异化竞争优势,主要通过生产性服务业的融合来提升顾客对制造业产品的认同感和愉悦感。比如,在物流配送方面,生产性服务业中的物流配送行业包括顺丰、韵达、圆通等打破了传统意义上的邮递业务,在快速、安全等方面给网购顾客提供了满意的邮递业务。制造行业的产品与现代物流配送的结合,使得制造业产品的满意度和竞争优势凸显出来。

2. 制造业推动生产性服务业协同集聚

一是制造业为生产性服务业提供广阔的市场需求。生产性服务业发展面临的市场需求主要包括两大部分,即面向服务业自身发展所需的生产性服务中间投入产品和面向制造业市场需求所提供的生产性服务中间投入品。生产性服务业获得专业化程度提高和发展规模的扩大,主要取决于需求市场的大小。由社会分工理论可知,生产性服务业最早从制造业的生产环节脱离出来,并形成专业化和规模化的业态反哺制造业,因此,生产性服务业发展所面临的主要需求市场来源于制造业。在工业化发展早期,生产性服务业尚未形成专业化和规模化的发展业态,主要存在于制造业的生产服务环节,因此制造企业基本不存在对外部生产服务业的市场需求,处于一种自给自足的状态,此时生产性服务业发展为专业化和规模化的空间很小。随着工业化水平高的不断提高和制造业结构的转型升级,为了提高自身生产环节的效率和专业化生产型的竞争力,制造企业开始逐渐剥离核心业务之外的环节实施市场外包,生产性服务业发展面临的市场空间开始不断扩大。随着市场需求的扩大,生产性服务业专业化水平和规模化水平也不断得到提高。

二是制造业推动生产性服务业生产效率的提高。随着工业化水平的不断推进,"再工业化浪潮""工业4.0"以及"中国制造2025"等要求制造业转型升级的压力增加。现代生产性服务业属于知识技术密集型产业,与制造业的融合发展能够有效提升制造业的生产效率,并推进制造业的转型升级。由于生产性服务业本身就来源于制造业的生产环节,因此在融合发展方面相对比较容易。从推动制造业转型升级的角度看,制造业的市场需求推动了生产性服务业生产效率的提高。另外,制造业按照要素密集度来分,主要包括劳动密集型制造业、技术密集型制造业和资本密集型制造业。生产性服务业为了获得制造业提供的广阔市场,必然要想方设法按照制造业的市场需求提升自身的生产服务效率,充分提高与制造业的市场配对概率。而且在制造业转型升级过程中,对生产性服务业的要求提高,必然促进生产性服务业在专业化程度和规模发展方面不断获得新提升,从这点也可以看出制造业的转型升级发展必然会推动生产性服务业生产效率的提高。

三是制造业为生产性服务业创新发展提供了必要的物质支撑。生产性服务业发展不是凭空产生的,而是需要一定的载体来实现自身的服务产品价值。比如融资租赁属于一种金融性质的融资方式,目前在大中小型企业运行非常普遍。但融资租赁的服务形式依赖于所进行融资的大型成套机械装备,如果没有成套机械装备,也就不存在融资租赁的服务形式。又比如交通运输、仓储、邮电、通信业务,如果没有制造业的发达并生产出现代化的交通运输工具、智能化仓储工具、邮电通信领域的光纤设备等物质载体,生产性服务业的发展便失去了所依附的载体。从这个角度看,制造业为生产性服务业创新发展提供了必要的物质支撑。另外,从生产性服务业与制造业的投入产出关系看,彼此之间存在互为投入的内在关系。一般情况下,普遍认为生产性服务业脱胎于制造业,并始终作为制造业的中间生产环节而存在。但生产性服务业的产品生产也需要制造业产品作为中间投入,并与服务产品融合在一起实现某种功能性价值,比如通信服务需要依赖手机等通信产品等,科学研究需要依赖实验室等物质形态。如果从生产性服务业的生产流程看,随着社会分工的不断深化和专业化程度的不断提高,生产性服务产品的生产逐渐采用制造业的生产线,通过自动化和流水线的生产方式来代替过去手工作坊式的定做形式,因此,制造业所搭建的生产流水线对生产性服务业的发展变得至关重要。

二、基于空间联动的理论分析

集聚经济是城市经济增长和城市规模扩大的内生动力。从集聚经济的外延来看,主要分为行业内集聚(单个产业集聚)和行业间集聚(产业协同集聚)。关于单个产业集聚与产业间协同集聚的关系,本书在介绍产业协同集聚的内涵时已经进行了详细论述。在此,主要通过比较马歇尔外部性理论和雅各布斯外部性理论,来探讨生产性服务业与制造业在空间联动层面的内在机理。马歇尔的外部性理论主要涉及产业集聚带来的共享劳动力和投入品,以及知识外溢等效应,相应地表现为城市集聚经济的专业化特征。尽管马歇尔理论最早用于解释单个产业集聚的内在机理,但是一些观点也适用于阐释产业间协同集聚的内在机理。雅各布斯外部性理论强调知识能够在互补的而非相同产业间溢出,因为一个产业的思想能够在另一个产业内应用,相应地表现为城市集聚经济的多样化特征。世界城市发展规律表明,小城市比较侧重专业化发展,比如汽车城、金融城等,而大城市则倾向于多样化发展,表现在产业结构方面就是产业发展的多样性,即多种产业在城市空间的协同集聚。

从《京津冀协同发展规划纲要》可以看出,北京的城市定位更加突出首都功能,提出建设全国政治中心、文化中心、国际交往中心、科技创新中心的城市目标。在新定位的指导下,北京开始大力疏解非首都功能,通过转移一般制造业和传统服务业,腾出空间构建"高精尖"产业结构。但北京首都功能性目标并不排斥城市产业的多样化发展,相反更加注重多种产业的融合发展,通过产业间的互动作用实现产业结构的整体提升。因此,北京城市功能的实现需要生产性服务业与制造业的协同集聚,而非简单地腾空制造业或服务业发展专业化城市。同样的道理,天津要实现"一基地三区"的功能目标,河北要实现"三区一基地"功能定位,都需要通过城市产业的多样化发展实现。相比专业化发展,多样化不仅能够实现区域内产业的融合、互动和协调发展,还能应对产业生命周期变动对城市发展的内在冲击,化解城市发展过程中面临的风险。结合京津冀地区城市发展定位,城市产业结构发展应该遵循多样化特征,在实现城市集聚经济效益时重点推进产业间的协同集聚。基于此观点,本书从空间联动的角度对生产性服务业与制造业协同集聚的作用机理进行深入分析。

1. 规模经济效应推动生产性服务业与制造业协同集聚

规模经济效应或效益(Economies of Scale),简单来说就是在一定的产量范围内,由于固定成本保持不变,随着产品数量的不断增加,分摊到单位产品的固定成本减少,从而实现单位产品成本降低的现象。规模经济一般分为内在规模经济和外在规模经济两种,其中,内在规模经济主要指单个企业生产规模的扩大使得单位产品生产成本降低带来的经济效益,外在规模经济则倾向于随着该行业的整体规模扩大给行业内单个企业带来的收益增加。在研究产业集聚的过程中,早期的规模经济主要用于研究单个产业内部许多具体行业集聚产生的规模经济效应,这种正向效应主要来源于该产业内部通过空间集聚可以实现马歇尔(1920)提出的劳动力市场分享、中间品投入共享和知识溢出。在单个产业空间集聚的过程中,使用相同的劳动力和相同的中间投入品,会吸引周边劳动力和中间投入品等生产要素向产业集聚,进一步增强了该产业的规模经济效应,这也是单个产业实现空间集的内在动力。规模经济效应同样可以应用于分析产业间的协同集聚,诸如本书所研究的生产性服务业与制造业的协同集聚。在生产性服务业与制造业协同集聚的产业联动中已经指出,生产性服务业与制造业之间存在较强的垂直关联关系,生产性服务业作为制造业的中间投入产品,可以有效提高制造业的生产效率和产品的市场竞争力;制造业作为生产性服务业的主要需求者,为生产性服务业的规模化生产和专业化生产提供了广阔的需求市场。在产业联动的基础上,生产性服务业与制造业为了更好地实现互补关系,必然在空间布局上呈现协同集聚的态势。制造业的协同集聚能够为生产性服务业发展带来巨大的市场需求,生产性服务业为了获得需求市场,必然也会逐渐在制造业集聚区进行空间布局,进而形成与制造业在空间分布上的协同集聚效应。因此,规模经济效应是生产性服务业与制造业协同集聚的内在动力。

当然,无论单个产业的空间集聚还是产业间的空间协同集聚都存在规模经济效应和规模不经济效应两种情况。对于某个特定区域范围内的规模不经济现象,除了通常采用的产业结构转型等手段推动产业升级的方式改善集聚效应,还可以把空间范围扩展到更为广阔的区域进行重新布局。在京津冀协同发展背景下,北京、天津、河北都存在生产性服务业与制造业协同集聚的现象,但彼此间的协同集聚水平参差不齐,相差比较大。其中,北京生产性服务业与制造业的协同集聚水平较高,但随着城市人口规模过大带来的超负荷运转所带来的规模不经济效应已经凸显,在北京非首都功能疏解政策的实施下,通过产业的空间转移,可以实现在京津冀地区的重新空间布局和集聚发展,避免了较小空间范围的产业协同集聚带来的不经济现象。

2. 劳动力池效应和知识溢出效应推动生产性服务业与制造业协同集聚

在单个产业空间集聚的过程中,正如马歇尔(1920)提出的劳动力市场分享即"劳动力池"效应,同一产业内部的行业间在劳动力的使用方面存在共享的特征,因此产业的空间集聚可以带动劳动力的集聚,而劳动力的集聚又进一步带动了产业的空间集聚,彼此间形成一种互相促进的态势。在分析产业间空间协同集聚的过程中,产业间共享的"劳动力池"效应同样存在。由于生产性服务业源于制造业的生产服务环节,因此两者在生产服务环节存在共性需求,尤其表现在对共用劳动力资源的争夺,这种争夺导致市场需求的增加,促进更多的适用型人才向生产性服务业与制造业协同集聚的空间靠拢,并形成较大的劳动力池效应,为生产性服务业与制造业的进一步协同集聚提供更多的劳动力资源。另外,按照雅各布斯外部性理论的分析,知识外溢能够发生在不同产业间,这种互补的知识在多样化的企业和经济行为人之间的交换促进了创新的搜寻和实践。因此,城市多样化集聚经济带来的"劳动力池"效应和知识溢出效应有利于推动生产性服务业与制造业的协同集聚。

3. 城市规模效应推动生产性服务业与制造业协同集聚

在从产业层面分析价值链对生产性服务业与制造业协同集聚的作用时,已经指出两者在具体行业的匹配度方面存在一定的难度,但这种难度不是绝对的,随着产业发展空间的不断扩展,生产性服务业与制造业具体行业的匹配成功度会不断上升。把该结果延伸到本书所研究的京津冀地区,在某一特定城市空间范围内,两者只能在该城市内通过价值链的结构性嵌入或形式性嵌入实现协同集聚。受到该城市生产性服务业发展类型和发展程度的约束,在与当地制造业进行匹配时只能在有限的范围内实现协同性。如果将范围扩展到京津冀地区,那么整个地区的生产性服务业都可以与该地区的制造业实行动态匹配。通过将单个城市扩展到整个京津冀地区,无论在静态领域还是领域都增加了生产性服务业具体行业与制造业具体行业匹配的可能性,这也是本书以京津冀地区为研究对象的原因所在。另外,将研究区域由某个特定城市扩展到京津冀地区,要想实现生产性服务业与制造业的协同集聚,还需要打通京津冀市场一体化,无论从企业层面还是资源要素方面,都能够按照市场机制自由流动,才能在更大范围的京津冀地区实现生产性服务业与制造业的协同集聚。

4. 空间临近效应推动生产性服务业与制造业协同集聚

生产性服务业与制造业的协同集聚,可以充分发挥彼此之间的空间邻近性,提高产业间协同集聚效应。生产性服务业与制造业的协同性,在空间布局方面主要体现为资源要素的协同集聚。由于两大产业在生产服务环节存在共性且联系程度比较密切,产业的协同集聚必然带动资源要素的空间临近,进而实现资源要素在产业间进行充分流动,实现动力资源共享和知识技术的外溢效应,这一点在前面已经论述。另外,空间临近性还能降低生产性服务业与制造业之间的搜寻成本。制造业为了获得更好更多的生产性服务产品,可以利用两大产业协同集聚带来的空间临近性降低搜寻成本,比较容易地获得所需的中间投入产品。同理,空间临近性为生产性服务业的市场需求调研提供了更为直接和精准的优势,降低了企业的市场搜寻成本。由于产业间的协同集聚主要靠微观层面的资源要素流动,进而带动实体企业的空间转移而形成,因此产业协同集聚所带来的空间临近性必然有利于各种资源要素的充分流动,实现区域内产业的互补型发展。

三、基于制度安排的理论分析

在生产性服务业与制造业协同集聚的过程中,会出现大量的专业化分工,一些非核心业务部门会随着产业间的协同集聚需要,不断从两大产业中分离出来发展成为专业化更强、规模更大的具体行业部门。这种变化从企业的角度来看,实质就是将企业的内部交易转化为市场交易的过程。当然,这种情况的发生必须保证外部化的市场交易成本比企业自身生产更为低廉。从这个角度看,无论是产业集聚还是产业间的协同集聚,都是介于市场与企业之间的一种中间组织形态,属于一种新型的制度安排。基于此观点,本书重点从以下三个方面分析生产性服务业与制造业协同集聚过程中的制度环境因素。

1. 生产性服务业对制度安排比较敏感

这主要源于生产性服务业自身的一些特征。生产性服务产品属于知识和技术密集型产品,主要以无形性存在,具体表现为一种服务业态,只有在市场交易时才会通过依附于其他行为或载体而实现自身价值。因此,对于知识和技术的产权保护政策就显得更为重要,就如同对制造业产品外观设计和产品使用价值的保护一样。另外,根据生产性服务业提供服务产品的特征,契约密集型是生产性服务产品的又一个重要特征。正如陈国亮和陈建军(2012)、刘志彪和张少军(2009)指出的,契约维护制度质量与服务业发展呈现正向的相关关系。一个地区的契约型制度越完善,制度性保护质量越高,生产性服务业发展的外在动力就越足。另外,江波和李江帆(2013)运用面板数据证实了政府规模直接或间接阻碍生产性服务业有效集聚的情况。在过去以 GDP 为政绩考核的指标体系下,地方政府为了实现短期经济增长目标和高税收,往往倾向于发展制造业,快速形成空间上的产业集聚优势。相反,对于一些涉及国民经济命脉的生产性服务业如金融业、科学研究等产业进行严格管制,抑制了当地生产性服务业的发展,导致产业结构发展不合理,发展水平低下。由于生产性服务业对制度安排更为敏感,除了政府规模存在影响外,市场化程度也是影响产业协同集聚的重要因素。当地方市场化程度较低,政府行政干预过多必然会阻碍产业在市场机制调节下的协同集聚,尤其是对生产性服务业造成一定的抑制作用。如果单纯强调发展生产性服务业,又会造成生产性服务业与制造业脱钩,降低了彼此之间的匹配度,必然会对当地产业结构造成较大的波动。因此,制度安排对生产性服务业的影响程度较大,进而对生产性服务业与制造业的协同集聚带来较大的影响。

2. 良好制度安排有利于降低区域内交易成本

产业协同集聚本身就是一种新型的制度安排,在完善区域治理结构中除了能够有效降低产业转移和资源要素流动产生的运输成本等显性成本外,还能够有效降低产业之间的隐性交易成本。这些隐形成本与地方的市场化健全程度呈反向关系,在市场体系越不健全的地区,这种隐性成本就越大,阻碍了生产性服务业与制造业通过协同集聚追求交易成本降低的动力和信心。因此,实现生产性服务业与制造业的协同集聚,首先必须建立良好的制度安排,包括地区制度环境的优化、市场化程度的提高等。要实现京津冀地区生产性服务业与制造业的协同集聚,必须按照《京津冀协同发展规划纲要》的规定,以降低市场交易成本为突破口,推进产业和资源要素的自由流动,降低企业在产业转移过程中的交易成本(包括显性成本如交通运输等和隐性成本如制度安排),这样才能最终实现产业间的协同有效集聚。

3.制度安排的灵活性能够增强产业协同集聚活力

制度安排的灵活性主要表现在制度执行层面,通常与市场调节共同发挥作用。生产性服务业相较于制造业,更多的是通过契约来完成交易,契约密集型特征非常明显,加上服务产品存在无形性,因此对特定区域内的制度安排更加敏感。如果该区域内市场机制不完善,政府行政性干预较强,地方保护程度高,就会导致生产要素流动受阻,进而限制生产性服务业与制造业的空间协同集聚。以金融业为例,美国和瑞士的金融业在全球范围内比较发达,除了历史因素形成的累积性发展优势外,主要得益于这些国家在金融业发展方面一些灵活的制度性安排,特别是在防范金融风险前提下实施的一系列金融监管的宽松政策,使得两国的金融业获得了较大的发展活力。硅谷作为全球信息技术的集聚地,除了得益于毗邻斯坦福大学能够获得一流大学的智力支持和知识技术的快速传播外,更多的是因为当地法律制度的松弛性,使得风投在信息技术行业的作用能够充分得到发挥,无论从技术研发投入的资金支持方面,还是技术转化构建孵化器方面,都能够自由按照市场指挥棒的运行机制进行高效运作,实现了与需求市场的真正对接。因此,在推动生产性服务业与制造业协同集聚过程中,制度安排的质量对产业协同集聚存在重要的影响。目前,京津冀协同发展以及近期推动实施的市场一体化、交通一体化、环境一体化等领域的制度性措施,都是对京津冀地区"一亩三分地"行政性分割的突破和矫正。但在政府推动制度安排的同时,还必须考虑到市场机制的调控作用。无论是北京非首都功能疏解政策的实施,还是雄安新区千年大计的制定,都必须在政府的顶层设计下发挥好市场机制的调控作用,通过制定一系列保障市场高效运行的制度性安排,让市场在资源配置过程中真正发挥主导性作用。

第二节 理论假设提出

在理论模型构建中,产业间的空间布局受到需求关联和成本关联的影响,简言之,就是存在上下游关系的不同产业的关联性非常强。在进行区位选择时,除了考虑由于垂直关联带来的需求关联和成本关联外,还必须考虑不同产业空间变动所带来的影响。因此,上下游产业除了产业层面的互动外,还包括空间层面的互动。产业互动和空间互动之间不是对立的,而是通过中间制度性的因素实现互联互通,彼此影响对方机制的发挥。基于不同产业间的产业互动和空间互动,本书将产业互动和空间互动纳入实证分析模型,并通过制度安排实现两者的内在传导。

一、基于产业联动视角:投入产出关联与知识外溢效应

1. 投入产出关联

生产性服务业与制造业之间存在上下游的投入—产出关系。生产性服务业布局在制造业集聚的地区,可以获得巨大的需求市场。制造业布局在生产性服务业集聚的周边,可以降低生产成本和交易成本,甚至依赖周边的生产性服务业提供的配套服务,诸如物流、设计、策划等服务提升制造业的生产效率,强化自身的竞争力。通过以上分析可知,两者在产业层面

和空间层面的协同集聚分布能够降低彼此之间的交易成本,以便于生产性服务业能够更快地找到市场需求,制造业更快地找到中间投入品。这种投入—产出关系引致的产业协同集聚又会在路径依赖和锁定的作用下不断得到强化,使这种协同集聚效应不断扩大。基于上述分析,本书提出第一个理论假设:

假设1:投入产出关联促进生产性服务业与制造业协同集聚水平的提高。

2.知识外溢效应密集度

知识密集度的提高有助于知识外溢作用的发挥。相对于制造业尤其是技术密集型制造业而言,产业内企业间的技术外溢往往通过技术转移和信息共享实现效率的提升。正是由于知识外溢作用的存在,技术密集型制造企业为了获得更多的技术外溢带来的利益,倾向于集中布局在产业集聚的地方。生产性服务业本身属于知识密集型行业,在信息网络技术发达的条件下,知识外溢作用的发挥甚至可以在减少"面对面"接触的情况下,突破地区限制和行业限制实现传播。另外,从彼此关系看,生产性服务业来源于制造业的研发环节,两者在生产研发环节存在技术共享的联系,生产性服务业随着专业化程度的提升而逐渐剥离出来单独存在。这种上下游产业间的内在联系,尤其是投入—产出关系形成的彼此间技术外溢效应和技术共享关系,为生产性服务业与制造业在产业层面和空间层面上实现协同集聚提供了内在动力。基于上述分析,本书提出第二个理论假设:

假设2:知识密集度提高有助于生产性服务业与制造业协同集聚水平的提升。

二、基于空间联动视角：城市规模的交易成本效应与城市间辐射作用

1.城市规模的交易成本效应

在城市发展初期,制造业往往占据主导地位,生产性服务业处于依附地位,无论从发展规模还是产业结构方面都处于较弱地位,尚未得到充分发展,在城市空间分布上主要表现为制造业对生产性服务业的挤出效应,这种产业发展状况及空间分布情况可以从河北省的中小城市体现出来。随着城市规模的扩大或城市群的形成,发展空间的扩大为生产性服务业和制造业带来了前所未有的发展机遇,包括资源的占用和市场的扩大,两大产业的向心力不断加大,在空间上协调发展的动力不断增强,表现为两大产业在空间上的协同集聚。但是,随着城市规模的继续扩大,交易成本随着城市规模扩大带来交通、信息便利化,使得交易成本继续下降,生产性服务业获得更大的发展,而制造业受限于土地租金的不断提高,在城市空间分布上表现出生产性服务业对制造业的挤出效应,两者的离心力不断加大。基于上述分析,本书提出第三个理论假设：

假设3：交易成本与两者协同集聚存在非线性关系。

2.城市间辐射作用

生产性服务业与制造业的协同集聚,在产业层面主要表现为产业间的互动性和融合性,尤其体现在不同产业的发展链条上。制造业需要依靠生产性服务业提升研发、销售、设计、营销等环节的效率,生产性服务业通过满足制造业的市场需求获得发展动力,并通过制造业提供的硬件设备提升服务水平。因此,要实现生产性服务业与制造业在空间分布上的协同集

聚,前提是两大产业在产业链上存在合作的可能性。但是,现实情况并非如此。在京津冀地区,北京和天津的生产性服务业无论在发展层次还是多样化方面,都比河北发展迅速。河北的制造业发展较快,规模较大,但是生产性服务业发展缓慢,服务业结构水平和发展质量都较低。扩大城市空间的发展范围,或者实现城市群的联合发展,可以充分发挥北京、天津两大直辖市生产性服务业对河北省的辐射作用,采取资源互补的办法带动河北省产业间的协同集聚。基于上述分析,本书提出第四个理论假设:

假设4:中心城市辐射作用对生产性服务业与制造业协同集聚有正向的促进关系。

三、基于政府规模视角:政府政策干预的影响

长期以来,在唯 GDP 为主的政绩考核体系下,地方政府过度干预市场,造成市场分割严重,生产要素流动受限,彼此之间缺乏必要的融合和协同。另外,制造业能够短时间带来经济效率,尤其是国有企业属于当地政府的重要收入来源,地方政府往往热衷于设立制造业产业园区或开发区,通过产业层面和空间层面的集聚来推动当地制造业的迅速发展。由于生产性服务业诸如金融服务业、信息技术服务业等属于技术密集型产业,对当地经济发展水平和产业结构发展质量要求比较高,而且短期内难以见到立竿见影的成效,造成当地政府发展生产性服务业的热情降低。在这种执政思维指导下,各地制造业发展规模越来越大,甚至出现了制造业过度集聚和生产过剩,而生产性服务业发展不足的现象。基于上述分析,本书提出第五个理论假设:

假设5:政府规模过大对生产性服务业与制造业协同集聚呈现阻碍关系。

第三节　空间计量模型

在确定计量模型时,考虑到空间依赖性和空间自相关特征,本书利用空间计量模型进行实证检验。空间计量模型可以划分为空间滞后模型(Spatial Lag Model,SLM)和空间误差模型(Spatial Error Model,SEM),空间滞后模型可以表示为:

$$Y = pWY + X\beta + \varepsilon \tag{4.13}$$

其中,Y 用 C_{rit} 表示,由于本书计算的生产性服务业与制造业的协同集聚度存在负值,因此本书在因变量上加上一个正数 m 予以平滑,而且由于生产性服务业与制造业分行业配对不同,m 感值也不同。ρ 为空间回归系数,W 为 $n×n$ 阶的空间权重矩阵。而空间误差模型可以设置为:

$$Y = X\beta + \varepsilon \qquad \varepsilon = \lambda W \varepsilon + \mu \tag{4.14}$$

其中,λ 表示 $n×1$ 的截面因变量向量的空间误差系数。本书采用逐步回归方法以检验系数估计的稳健性。加入外商直接投资(FDI)、市场规模(GDP)和企业规模($Qycy$)等控制变量后,可有如下表示:

$$X = a_0 + a_j \sum_{j=1}^{2} \left[Ln(Cost_{it}) \right]^j + a_3 Ln(Ss_{it} + 1) + a_4 Ln(Gov_{it})$$

$$+ a_5 Ln(Capital_i) + a_k \sum_{k=6}^{8} Z_{(k-5)it} \qquad (4.15)$$

在自变量中, *Fdi* 和 *Ss*。存在 0 值或负值, 通过对 (*Fdi*+1) 和 (*Ss*+1) 取对数的方法进行处理。为了克服内生性问题导致的 *OLS* 估计不一致, 本书对所有变量采取了滞后一期的方法对变量进行估计。

第四节　范围界定和数据来源

鉴于生产性服务业往往集聚在城市中心区较为发达的区域,本书在界定研究地理区域时,只包括京津冀地区地级以上城市的市辖区,以便更加突出生产性服务业的空间布局特征。

一、制造业和生产性服务业范围界定

根据国民经济行业分类与代码(GB/T 4754-2017),制造业主要包括31大类,191中类,525小类。本书在具体分析制造业的相关数据统计时,主要采用该统计范畴。在生产性服务业涵盖方面,第二章生产性服务业定义中已经给出了具体的内容,基本能够满足本书研究的需要,在此不再重复赘述。

二、数据来源与处理

本书数据主要来源于京津冀地区各城市统计年鉴,选取 2008—2015 年数据。实证部分采用 Eviews7.0 计量软件对上述模型进行平稳性、协整检验,并在此基础上进行面板数据的回归分析。

第五节　变量描述

一、因变量：生产性服务业与制造业协同集聚度

考虑到数据的可得性，本书采用区位熵指数，首先构建 j 城市 i 产业的集聚指数，计算公式为：

$$R_{ij} = S_{ij}/S_i \qquad (4.16)$$

R_{ij} 表示城市 j 产业 i 的区位熵指数，主要用于衡量产业的专业化集聚度，取值越大说明专业化程度越高。其中，S_{ij} 表示产业 i 就业人数在城市 j 总体就业人数中的比重，S_i 表示产业 i 就业人数在全国总体就业人数中的比重。

本书采用生产性服务业与制造业的区位熵指数 R_{mj} 和 R_{pj} 构造两者协同集聚指数 r_{mpj}，具体计算公式如下所示：

$$r_{mpj} = \begin{cases} 1 - \dfrac{|R_{mj} - R_{pj}|}{R_{mj} + R_{pj}}, R_{mj} + R_{pj} \geqslant 1 \\ \text{不考虑}, R_{mj} + R_{pj} < 1 \end{cases} \qquad (4.17)$$

当 $R_{mj}+R_{pj} \geqslant 1$ 时,r_{mpj} 值越大,表示生产性服务业与制造业协同集聚度比较高。当 $R_{mj}+R_{pj}<1$ 时,说明生产性服务业与制造业都不具有集聚优势,因此本书对此情况不予研究。

二、解释变量 1:投入产出关联

Link 表示产业的前向关联和后向关联。根据数据的可得性,计算产业关联度时采用直接消耗系数来表示,具体公式如下:

$$a_{ij} = x_{ij}/x_j \qquad (i,j - 1,2,3,\cdots\cdots n)$$

其中,a_{ij} 表示第 j 产业的直接消耗系数,x_{ij} 为第 j 产业对第 i 产业的直接消耗系量,x_j 为第 j 产业的总产值。a_{ij} 越大,说明产业关联度越大。在此基础上,本文将产业关联度指标设定为如下:

$$Link = (P/M) \times \delta$$

在此,P 表示生产性服务业增加值,M 表示制造业增加值。由于生产性服务业除了作为制造业的中间投入品外,还作为自身服务业的中间投入品,因此本书在制造业增加值和生产性服务业增加值的基础上乘以一个系数 δ,即 $\delta=0.547$。预期符号为正。

三、解释变量 2:知识密集度

本书采用大专及以上学历人数占总人数比重来表示知识密集度指标,用 Ss 表示,预期符号为正。

四、解释变量 3：交易成本

本书采用城市固定电话年末用户数与全国城市固定电话年末用户数平均值的比重表示交易成本指标，用 Cost 表示。按照理论假设，交易成本与产业协同集聚程度成倒"U"形关系，因此本书预期一次项系数为正，二次项系数为负。

五、解释变量 4：中心城市对其他城市的辐射作用

本书所指的中心城市，主要指北京，用 Capital 表示。在测度中心城市对其他城市的辐射作用影响时，本书采用了城市间的铁路距离来度量。两地之间的铁路距离越小，说明中心城市对周边城市的辐射作用越大。

六、解释变量 5：政府规模

政府规模一般可以通过政府的可支配能力来表现，进而说明政府对市场的干预能力大小。基于数据的可得性，本书采用地方财政支出占 GDP 比重表示政府规模。

七、控制变量

在对自变量进行科学定义的基础上，本书还考虑了以下控制变量。

1. 对外开放程度

根据 Sharmistha（1989）对美国经济发展趋势的分析，发现外商直接投

资(FDI)早期集中于制造业领域。随着服务型经济的发展,近年来外商直接投资(FDI)开始逐渐流入与制造业密切相关的生产性服务业领域。而且观察中国近几年 FDI 的流动去向,也符合这个逻辑关系。基于此,本书认为 FDI 能够提升生产性服务业与制造业的协同集聚程度,因此用 fdi 来表示对外开放程度。

2. 市场规模

Francois(1990)认为,随着市场规模的扩大,企业数量和市场规模在增加,产业的专业化水平不断提高,直接导致分工的进一步细化。生产性服务业作为制造业的中间投入品,随着市场规模的扩大和分工不断细化,与制造业的嵌入融合机会将不断增加,进而提升生产性服务业与制造业的协同集聚程度。基于此,本书用 GDP 来表示市场规模,并预期符号为正。

3. 企业平均规模

企业作为市场的基本单位,在整合资源要素方面发挥着重要的作用。一般情况下,市场中企业的平均规模越大,整合资源要素的能力就越大。为了规避外部市场的不确定性导致的生产成本上升和叠加风险,企业发展更关注内部规模效应的产生,而忽视外部协同集聚所带来的规模效应。基于此分析思路,本书采用企业的平均就业人数来表示企业平均规模,并用 Qvcy 表示,预期符号为负。

第六节　假设检验及讨论

一、普遍回归法（不考虑空间依赖性）

本书分别从"不考虑空间依赖性"和"考虑空间依赖性"两个角度，对前面的理论假设进行经验论证。在不考虑空间依赖性的前提下，根据 Hausman 检验选取固定效应模型，采用普遍回归方法对上述假设条件进行了考察。通过采用逐步回归的方法，在核心变量的基础上逐渐加入控制变量，如外商直接投资、市场规模和企业平均规模，然后对模型进行回归分析，进而检验模型中主要核心变量的稳定性。从实证结果看，加入控制变量后，核心变量的系数变化幅度都控制在较小的区间范围内，符合模型假设的预期设想。因此，本书理论假设中的五个核心变量是稳健的。具体实证结果如表 4-1 所示。

表 4-1　生产性服务业与制造业协同集聚回归结果

变量	(1)	(2)	(3)	(4)
	OLS	OLS	OLS	滞后一期
Cons tan t	-22.526^{***} (-5.094)	-25.154^{***} (-4.882)	-21.447^{***} (-4.825)	-16.127^{***} (-5.143)
Ln(Cost)	15.282^{***} (2.684)	13.66^{***} (2.57)	10.78^{***} (2.527)	9.52^{***} (2.706)

变量	(1)	(2)	(3)	(4)
	OLS	OLS	OLS	滞后一期
Ln(Cost)^2	-1.609*** (-0.353)	-1.32*** (-0.338)	-1.571*** (-0.333)	-1.226*** (-0.358)
Ln(Gov)	-0.419*** (-0.076)	-0.348*** (-0.078)	-0.384*** (-0.076)	-0.383*** (-0.08)
Ln(Ss+1)		0.125*** (0.005)	0.018*** (0.006)	0.357*** (0.006)
Ln(Capital)		-0.035*** (-0.008)	-0.024*** (-0.008)	0.22** (0.009)
Ln(Link)		0.671*** (0.013)	0.129*** (0.015)	0.035*** (0.016)
Ln(Fdi+1)			0.021*** (0.003)	0.105*** (0.003)
Ln(Qyey)			-0.044*** (-0.013)	-0.038*** (0.011)
Ln(GDP)			-0.058** (0.025)	-0.045*** (0.012)
Hausman 检验	固定效应	固定效应	固定效应	固定效应
Ad-R^2	0.0824	0.2412	0.2543	0.2798

资料来源:根据京津冀各地区统计年鉴数据整理所得。

二、空间计量法(考虑空间依赖性)

1.空间自相关性预检验

在采用空间计量模型对面板数据进行分析时,必须考虑到数据间的空间依赖性特征。因此,本书首先采用 Morans'I 指数对空间自相关性进行预检验。

Morans'I 指数定义如下：

$$Morans'I = \frac{\sum\limits_{i=1}^{n} \sum\limits_{j=1}^{n} W_{ij}(Y_i - \bar{Y})(Y_j - \bar{Y})}{S^2 \sum\limits_{i=1}^{n} \sum\limits_{j=1}^{n} W_{ij}} \qquad (4.20)$$

$$\bar{Y} = \frac{1}{n} \sum\limits_{i=1}^{n} Y_i \quad S^2 = \frac{1}{n} \sum\limits_{i=1}^{n} (Y_i - \bar{Y}) \qquad (4.21)$$

其中，Y_i 表示第 i 个地区观测值，n 为地区总数，W_{ij} 为二进制邻近空间权值矩阵，一般采用邻近标准或距离标准，本文采用 rook 原则二阶空间权重矩阵。

Morans'I 指数取值在 0 和±1 之间，当 Morans'I>0 时为正相关关系，当 Morans'I=0 时代表空间无相关，当 Morans'I<0 时为负相关关系。根据 Morans'I 指数统计量对京津冀地区生产性服务业与制造业的面板数据进行分析。结果如表4-2 所示：

表4-2　生产性服务业与制造业集聚 Morans'I 统计值

生产性服务业/制造业	2010	2011	2012	2013	2014
Morans'I(PS)	0.1206**	0.0942*	0.1067***	0.3716**	0.0301**
Morans'I(MAN)	0.1564**	0.2341**	0.2335**	0.1684***	0.2607***

资料来源：根据京津冀各地区统计年鉴数据整理所得。

2010—2014 年，京津冀地区生产性服务业与制造业的 Morans'I 统计量及显著性水平都通过了 5% 的显著性检验。Morans'I(ps)统计量为正，表明京津冀地区生产性服务业空间分布具有正的自相关性特征，呈现相似值间的集聚性特征。Morans'I(MAN)统计量为正,表明京津冀地区制造业空间分布具有正的自相关性特征,也呈现相似值间的集聚性特征。Morans'I(MAN)普遍比 Morans'I(PS)统计值大,说明制造业集聚程度要高于生产性服务业的集聚程度,这与前面对京津冀地区生产性服务业与制造业的显示考察是一致的。

(2)极大似然法

在对面板数据进行空间自相关性预检验的基础上,本书对京津冀地区内地区间的空间依赖性进行了实证分析。首先,本书设置了空间冷反权重权空间权重进行确定,用来表示地区单元的相互会因近关系。本书借鉴和采用祝佳(2015)的研究方法,将区域可的空间相邻性和距离因素纳入考量,构建权重矩阵 W_{ij}：

$$W_{ij} = \begin{cases} e - \dfrac{d_{ij}}{6000}(i \neq j) \\ 0(i \neq j) \end{cases}, i,j = 1,2,\cdots\cdots,n \qquad (4.22)$$

其中,d_{ij} 表示 i 和 j 两地之间距离,用城市间的弧面距离计算所得。在此为了便于计算,对初始权重矩阵进行标准化处理。通过空间计量分析,发现生产性服务业与制造业协同集聚存在空间自相关性,结合 Rohust LM 检验结果,本书采用空间误差模型(SEM)。具体统计结果如表4-3所示。

表4-3　生产性服务业与制造业协同集聚回归结果

解释变量	一阶邻近矩阵				二阶邻近矩阵	
	(1)	(2)	(3)	(4)	(5)	(6)
	SEM	SEM	SEM	滞后一期	SEM	滞后一期
Ln(Cost)	10.452*** (3.315)	11.549** (5.612)	6.481*** (2.035)	8.492*** (2.551)	9.102*** (3.749)	9.744*** (3.018)

续表

解释变量	一阶邻近矩阵				二阶邻近矩阵	
	（1）	（2）	（3）	（4）	（5）	（6）
	SEM	SEM	SEM	滞后一期	SEM	滞后一期
$Ln(Cost)^2$	-1.284^{***} (−0.076)	-1.845^{***} (−0.026)	-0.684^{***} (−0.014)	-1.845^{***} (−0.57)	-1.351^{***} (−0.626)	-1.266^{***} (−0.313)
$Ln(Gov)$	-0.271^{***} (−0.012)	-0.137^{**} (−0.063)	-0.854^{***} (−0.184)	-0.015 (−1.387)	-0.379^{***} (−0.024)	-0.093^{***} (−0.018)
$Ln(Ss+1)$		0.022^{***} (0.004)	0.017^{***} (0.003)	0.007^{***} (0.001)	0.013^{**} (0.006)	0.008 (1.574)
$Ln(Capital)$		-0.429^{***} (−0.101)	-0.018^{***} (−0.006)	-0.017^{**} (−0.008)	-0.021^{***} (−0.006)	-0.022^{***} (−0.004)
$Ln(Link)$		0.082^{***} (0.022)	0.057^{***} (0.008)	0.037^{***} (0.012)	0.04^{***} (0.009)	0.035^{***} (0.011)
$Ln(Fdi+1)$			0.015^{***} (0.003)	0.008^{***} (0.001)	0.015^{***} (0.003)	0.01^{***} (0.002)
$Ln(Qyey)$			-0.084^{***} (−0.015)	-0.034^{***} (−0.010)	-0.056^{***} (−0.006)	-0.037^{***} (−0.012)
$Ln(GDP)$			-0.078^{***} (−0.021)	-0.031^{***} (−0.009)	-0.046^{***} (−0.012)	-0.032^{***} (−0.008)
Spat. auto	0.146^{***} (0.051)	0.233^{***} (0.003)	0.254^{***} (0.036)	0.385^{***} (0.093)	0.024^{***} (0.006)	0.303^{***} (0.001)
Roust LM (lag)	3.3618 (P=0.068)	1.7465 (P=0.19)	1.5043 (P=0.22)	0.0153 (P=0.902)	0.5828 (P=0.445)	0.0039 (P=0.95)
Roust LM (error)	12.7498 (P=0.000)	18.564 (P=0.000)	23.4648 (P=0.000)	52.4135 (P=0.000)	11.4201 (P=0.002)	30.8485 (P=0.000)
Log-likelihood	358.01	401.48	429.71	421.75	168.79	410.66
R^2	0.0559	0.2416	0.2102	0.3237	0.3561	0.1838

资料来源：根据京津冀各地区统计年鉴数据整理所得。

根据表4-3的报告结果可以看出,京津冀地区城市间在空间分布上存在较强的依赖性和集聚特征,系数在1%的水平上显著,且保持稳定,说明区域内城市间生产性服务业与制造业的空间集聚性存在空间连续性,即存在空间邻近的依赖性特征。从空间计量分析的结果来看,在控制了空间效应后,即考虑到空间依赖性的特征,实证分析继续支持了本书提出理论假设,充分说明理论命题和分析框架是成立的。

在上述分析的基础上,本书结合实际情况考虑到产业集聚一般具有路径依赖特征和产业关联特征,即在计量分析过程中,某个产业当期的集聚程度可能会受到该产业上一期集聚程度的影响。另外,根据产业的关联性可知,产业上一期的集聚程度可能会对当期产业集聚程度产生影响。因此,为消除自变量的内生性问题,在原有计量分析的基础上,又对各个自变量做了滞后一期的分析。通过分析可以看出,模型中的各个自变量系数在消除内生性问题后,虽然前后发生了变化(主要表现为减小),但是系数仍然保持显著,说明具备稳定性。同时,本书又把空间权重设置为空间二阶邻近矩阵进行实证分析,发现与之前设置为空间一阶邻近矩阵的实证结果保持一致,进一步支持了本书提出的理论假设命题。

三、结果讨论

1.投入产业关联与产业协同集聚具有显著的正向关系

这一点充分说明生产性服务业与制造业在产业关联方面非常紧密。生产性服务业为了获得较大的需求市场,倾向于在制造业集聚的地方进行布局,以便服务更多的制造业企业,扩大发展规模,提升生产性服务业的服务质量和效率。制造业选择邻近生产性服务业的空间区位,可以降低制造业部门的生产成本和交易成本或者搜寻成本,甚至依赖周边的生产性服务业提供的配套服务,诸如物流、设计、策划等服务提升制造业的生产效率,强化自身的竞争力。因此,两者间的投入产出关联增强了产业的协同集聚度。

2. 知识密集度与产业协同集聚具有显著的正向关系

这一点充分说明知识密集度的提高有助于知识外溢作用的发挥,实证结果符合 Marshall 的外部性理论。在实现产业间协同集聚的过程中,知识外溢效应不仅存在于单个产业内部,而且存在于关联产业之间,通过不同产业之间的协同集聚获得更为广泛的知识溢出效应。一方面,每个产业内部会通过产业集聚获得规模效应。相对于制造业尤其是技术密集型制造业,产业内企业间的技术外溢往往通过技术转移和信息共享实现效率的提升。正是由于知识外溢作用的存在,技术密集型制造企业为了参与更多的技术外溢带来的利益,倾向于集中布局在产业集聚的地方。生产性服务业本身属于知识密集型行业,在信息网络技术发达条件下,知识外溢作用的发挥甚至可以在减少"面对面"接触的情况下突破地区限制和行业限制实现传播。另一方面,从产业之间即生产性服务业与制造业协同集聚来看,这种投入产出关系所形成的彼此间技术外溢效应和技术共享关系,使得生产性服务业与制造业在产业层面和空间层面上获得了更为广泛的协同集聚效应。因此,知识密集度的提高与产业协同集聚具有显著的正向关系。

3. 交易成本与产业协同集聚呈现预期的倒"U"形特征

由实证分析结果可以看出,交易成本与生产性服务业和制造业协同集聚表现出预期的倒"U"形的特征,这与理论假设中关于交易成本与生产性服务业和制造业的协同集聚关系存在非线性关系保持一致。倒"U"形的特征的变化特征,说明随着城市规模的扩大,交易成本与两者协同集聚的关系并非简单的线性关系。交易成本过低或过高,都不利于生产性服务业与制造业的协同集聚。只有当交易成本上升到一个特殊值时,生产性服务业与制造业的协同集聚才会达到最优水平。当交易成本超过这个特殊值,生产性服务业与制造业的协同集聚程度开始下降,表现为两者在空间上的分离。引起这种变化的主要是交易成本构成中的交易成本发生了变化。当交易成本较低时,对于制造业而言,交通运输比较发达,因此交易成本相对较低。在一段时间内如果交通运输水平没有显著提高,交易成本无法持续降低,那么制造业会更偏向于接近需求市场和其他要素市场,以降低居高不下的交易成本,从地理空间上变现为产业的分离。对于知识密集型的生产性服务业而言,一开始由于信息化程度不高,通信水平成本较高,因此生产性服务业更倾向于在制造业集聚区域布局。但是随着信息化程度的提高和通信成本的下降,生产性服务业开始向知识密集区域转移,以较低的成本获得更多的知识密集型劳动力等资源,在空间分布上呈现出与制造业分离的趋势。因此,交易成本与产业协同集聚呈现倒"U"形特征。

4. 中心城市对其他城市具有正向的辐射作用

北京和天津的生产性服务业无论在发展层次还是多样化方面,都比河北发展迅速。河北的制造业发展较快,规模较大,但是生产性服务业发展缓慢,服务业结构水平和发展质量都较低。扩大城市空间的发展范围,或者实现城市群的联合发展,可以充分发挥京津冀地区北京、天津两大直辖市生产性服务业对河北省的辐射作用,通过采取资源互补的办法带动河北省产业间的协同集聚。在实证分析中,本书将北京设定为中心城市,发现北京对其他城市具有明显的辐射作用。离中心城市北京的距离越近,受这种辐射效应的带动作用就越大,越有助于提高当地生产性服务业与制造业的协同集聚程度。目前来看,京津冀三地通过协同发展,特别是北京非首都功能的持续疏解,初步实现了要素的自由流动和产业在京津冀地区内的跨地区发展。因此,北京作为中心城市,对周边地区生产性服务业与制造业协同集聚有正向的促进关系。

5.政府规模与产业协同集聚呈负相关关系

生产性服务业与制造业在京津冀地区内实现协同发展,需要一个高度市场化的制度环境。从另一个角度来看,就是要减少政府的直接行政干预,充分发挥市场配置资源的基础性作用。长期以来,在唯 GDP 为主的政绩考核体系下,地方政府过度干预市场,造成市场分割严重,生产要素流动受限,进而对生产性服务业与制造业在京津冀地区的合理布局产生重大的阻碍作用,直接表现为各地独立发展生产性服务业与制造业,彼此之间缺乏必要的协同发展。由于制造业能够短时间带来经济效率,尤其是国有企业的制造业,属于当地政府的重要收入来源,因此地方政府往往热衷于设立制造业产业园区或开发区,通过产业层面和空间层面的集聚来推动当地制造业的迅速发展。而生产性服务业诸如金融服务业、信息技术服务业等属于技术密集型产业,对当地经济发展水平和产业结构发展质量要求比较高,短期内难以见到立竿见影的成效,造成当地政府发展生产性服务业的热情不高。在这种执政思维指导下,各地制造业发展规模越来越大,而生产性服务业发展不足的现象。政府从当地财政税收的角度出发,对产业发展方向过度的行政干预,直接阻碍了京津冀地区资源要素的自由流动和产业的市场化发展。因此,从推进京津冀协同发展的角度来看,仍需要继续探索和加强京津冀各地区在制度方面进行改革,进一步推进市场一体化发展,促进要素和产业的自由流动,进而实现产业在空间上的协同集聚。

第七节　结论

从产业层面可以得知,在控制其他变量不变的情况下,产业的投入产出关联和知识密集度提高促进了产业的协同集聚。具体来看,从投入产出的角度来看,生产性服务业与制造业的上下游产业关联促进了两者的协同集聚,但是彼此影响程度不相同。生产服务业作为一种中间投入品,除了供应制造业外,还为其他服务业提供中间服务产品,因此,生产性服务业在空间布局上除了与制造业保持协同集聚外,或者说倾向于布局在制造业周围外,还要考虑如何服务其他服务业。因此,生产性服务业与制造业实现协同集聚,但又不完全依赖于制造业。制造业的生产布局过去主要依赖于生产要素的可获得性,主要从要素成本的角度考虑空间布局。随着传统制造业生产能力的急剧扩大和产品的大量过剩,尤其是近年来发生的产能过剩现象比较突出,制造业产品的销售产值和利润水平急剧下降,严重损害到实体经济的健康发展。在此背景下,通过知识密集型生产性服务业的渗透和融合发展,推动制造业转型升级,实现生产过程精细化,产品差异化和高质量化显得至关重要。因此,制造业对生产性服务业的空间布局依赖性逐渐加强。从知识密集度来看,生产性服务业本身属于知识密集型产业,因此倾向于集聚在知识密集化程度比较高的区域,比如信息化基础设施比较发达的城市中心区。而制造业为了实现去产能和转型升级,也急切需要借助知识密集型产业的渗透实现融合发展。因此,知识密集度的提高能够有效提升生产性服务业与制造业的协同集聚程度。

从空间层面可以得知,要素成本和交易成本对产业协同集聚存在显著影响。同时,交易成本的变化与城市规模的大小也存在一定的关系。具体来看,交易成本的降低有助于促进产业在空间分布上的集聚。其中,制造业交易成本降低有助于减少获取中间投入品的搜寻成本。生产性服务业交易成本降低能够促使生产性服务业进一步集聚在知识密集型区域,如劳动力素质比较高和信息化水平比较发达的区域。但是这些区域往往位于城市的中心区,地理租金比较高。因此,从生产性服务业的集聚倾向可知,制造业由于无法承受城市中心区的高地租,只能被迫向城市郊区转移,而生产性服务业倾向于在城市中心区集聚。因此,信息化交易成本的降低反而使得生产性服务业与制造业在空间布局上发生"挤出性"效应。

从制度层面可以得知,政府规模与产业协同集聚呈负相关关系。京津冀地区生产性服务业与制造业的协同集聚,在产业层面表现为多样化产业在京津冀地区的空间转移和协同定位。如果深入企业层面,则表现为不同行业的企业为了追求协同集聚带来的资源共享效应、互为投入品效应,以及知识技术在不同行业间的共研共享效应而协同定位。如果细化到生产要素层面,京津冀地区生产性服务业与制造业的协同集聚实现则依赖于劳动力、资金、技术等要素的协同集聚。如果没有要素市场的一体化发展,要素资源无法按照市场需求实现区域内自由流动,那么生产性服务业与制造业的协同集聚就会受阻。因此,缩小政府规模,减少政府对产业协同集聚的不必要行政干预,让市场在资源要素配置中真正发挥决定性作用,事关京津冀地区生产性服务业与制造业的协同集聚效果。

第五章

京津冀地区生产性服务业与
制造业协同集聚效应

从理论上讲,产业协同集聚不仅可以实现单个产业集聚效应,而且可以实现产业间在空间集聚方面的协同性,进而放大每个产业的集聚效应,实现整体集聚效应最大化。但在现实中,除了产业间协同集聚带来的互补效应外,还会经常发生产业协同集聚带来的挤出效应,两种效应关系称作双重效应。另外,对于特定区域范围内生产性服务业与制造业的协同集聚能否促进该区域经济增长这一问题,本书也通过实证分析发现其与所在的城市规模存在直接的关系。

第一节　产业协同集聚双重效应

受资源环境承载力的限制,任何城市的空间发展都不可能无限扩张。国家推动北京非首都功能疏解政策的实施,就是为了缓解北京城市的过度发展,减轻城市发展的承载负荷。因此,生产性服务业与制造业在某一特定范围内的协同集聚必然会受到一定程度的约束和限制。正如陈晓峰、陈绍峰(2014)所指,按照城市产业结构比重分析,在一定区域范围内,如果制造业所占比重超过60%,则认为该区域以制造业为主导产业,并在城市空间发展范畴内对服务业发展形成挤出效应。如果制造业比重低于40%,则认为该区域以服务业为主导产业,并在城市空间发展范畴内对制造业发展形成挤出效应。如果制造业比重位于40%~60%之间,则认为制造业与服务业更多地表现为互补效应。该标准划分虽然简单,但清晰地描绘出在特定的区域范围内,生产性服务业与制造业协同集聚必然存在互补效应和挤出效应。

由于每个城市的发展定位和工业化发展阶段不同,服务业和制造业在特定城市的比重也不同。但是从产业协同发展的角度来看,如果单一产业过度发展,而相关产业比重过小,就会发生产业发展不协调的问题,对城市未来产业结构的优化调整和转型升级都会带来阻碍与弊端。另外,当城市内某个产业过度集聚后,除了造成产业结构不协调外,还会引发"城市病",造成交通拥堵、环境污染、要素成本过高等集聚负外部性,给城市经济发展带来不利影响。根据李强(2013)在研究城市产业双重集聚的结论,我们可以得到启发:如果打破单个城市的空间范畴,把服务业与制造业拓展到更为广阔的区域范畴进行研究,不仅可以解决单个城市范畴空间有限的制约问题,而且有助于在更广域的空间范围内进行产业调配,实现产业结构的优化调整,变挤出效应为互补效应。根据上述分析,本书将京津冀地区作为特定区域,对该区域范围内生产性服务业与制造业的协同集聚效应展开研究。

一、互补效应与挤出效应

本书采用相对多样化指数对产业协同集聚的双重效应进行分析。具体计算公式如下：

$$RDI = \frac{1}{\sum |S_{ij} - S_j|} \tag{5.1}$$

其中，s_{ij} 表示 i 城市 j 产业从业人数在城市总从业人数的占比，s_j 表示 j 产业从业人数在全国从业总人数的占比。RDI 值越大，表明互补效应越大，挤出效应越小。

为了保证实证结果的稳定性和可靠性，本书在用相对多样化指数测度京津冀地区产业协同集聚的同时，也采用了另外一个测度指标，即张晓东和池天河（2011）[①]建立的经济环境协调度。具体计算公示如下：

$$C_{xy} = \frac{x + y}{\sqrt{X^2 + Y^2}} \tag{5.2}$$

式中 x 代表生产性服务业的集聚程度，仍然采用前文中的区位熵的计算方法。

二、理论假设

本书主要基于城市空间和价值链匹配的视角，从城市规模、城市辐射等层面研究京津冀地区生产性服务业与制造业协同集聚的双重效应。

---

① 张晓东,池天河.90 年代中国省级区域经济与环境协调度分析[J].地理研究,2001(8):506-515.

1. 城市租金水平

在第五章研究生产性服务业与制造业协同集聚的内在机理时,本书已经研究了城市租金水平对京津冀地区产业协同集聚产生的影响,并得出交易成本与两者协同集聚存在非线性关系的结论,即存在一个交易成本水平,使得生产性服务业与制造业的协同集聚水平达到最优化。在此思路指导下,本书进一步发现城市租金水平对生产性服务业与制造业的协同集聚效应也存在类似的非线性关系,能够在某一个特定的城市租金水平下,使得生产性服务业与制造业的协同集聚效应达到最大化。当城市租金水平较低时,制造业依靠传统的地理优势往往占据城市的有利位置,对生产性服务业集聚形成挤出效应,此时挤出效应大于互补效应。随着城市租金水平的上升,由于生产性服务业属于知识技术密集型行业,所占办公土地面积较小,因此土地租金的弹性较小,能够承受土地租金上涨带来的压力。而制造业尤其是劳动密集型制造业对土地租金上涨较为敏感,为了降低土地租金上涨带来的要素成本上升的压力,必然会选择向城市周边进行转移。生产性服务业借机进入城市中心区域,对制造业的空间实施填补。在这种"有进有出"的发展阶段中,生产性服务业与制造业在空间集聚效应上实现了互补效应的最大化。而当城市租金继续上涨,制造业继续向周边转移,生产性服务业在城市中心区域占据主导地位,此时生产性服务业对制造业的挤出效应开始大于互补效应。由此可知,存在一个分割点,即在某一个增定的城市租金水平下,能够使得生产性服务业与制造业的协同集聚效应达到最大化。

基于上述分析,本书提出第一个理论假设:

假设 1:城市租金水平与产业协同集聚效应存在非线性的关系。

2. 市场规模

在分析城市产业协同集聚的双重效应时,除了通常所说的地理范畴内的空间区域外,还存在一种无形的空间范畴,即市场规模的大小。市场规模对生产性服务业与制造业的协同集聚效应产生直接的影响。当城市处于工业化初期阶段,产业结构比较单一,农业在有些地区产业结构中占据主要地位,制造业和服务业发展滞后,在这种城市发展规模下,基本不存在严格意义上的制造业与生产性服务业的协同集聚关系,两者仅限于在特定区域范围内的共存。同时,由于制造业和服务业都不发达,彼此之间的产业关联度也比较小,两者之间的互补效应也不明显。当城市发展进入工业化中期阶段后,人均收入增加,工业化逐渐带动城市化,制造业逐渐占据主导地位,随着分工程度的不断细化,专业化程度也不断加深。生产性服务业作为制造业的中间生产环节,随着分工和专业化程度的提高,开始逐渐从制造业生产环节中脱离出来,形成专业化程度更高的产业形态,这个阶段主要表现为制造业对生产性服务业的挤出效应。当城市发展进入工业化后期阶段,城市产业结构开始由工业型经济向服务型经济转型,此时服务业开始在产业结构比重中占据主导地位,生产性服务业作为服务业发展水平的标志性行业,开始逐渐成为社会经济发展的创新动力,与制造业在城市空间范畴内形成了相互促进的互补效应,两者的协调发展程度加深。基于上述分析,本书提出第二个理论假设:

假设2:市场规模与产业协同集聚的互补效应呈正比例关系。

3.城市规模

城市规模的大小与城市产业结构的完善程度有着直接的关系。在我国现阶段,当城市规模较小时,往往受空间发展的限制,无法实现所有产业的协同发展。现实情况也表明,在京津冀地区内,除了北京、天津两个特殊的直辖市外,河北省地级城市的发展往往以制造业为主导,处于工业化中期阶段,生产性服务业发展比较滞后,造成制造业对生产性服务业的挤出效应。而北京、天津作为直辖市,从地理空间面积上限制了城市规模的范围,因此也存在产业结构亟须调整的问题。2006 年以后,在京津冀协同发展的战略背景下,国家又提出非首都功能疏解计划,就是对城市规模限制产业结构优化做出了具体指向,目标就是大力促进北京服务业结构的不断完善和提升。在此过程中制造业逐渐向周边地区转移,单从北京产业变化来看,在国家行政干预的力度下,生产性服务业与制造业存在挤出效应。但是将范围扩大到整个京津冀地区,制造业在空间范围内的重新布局反而有利于进一步推动生产性服务业与制造业在京津冀地区内的协同集聚。因此,在北京非首都功能疏解政策背景下,通过京津冀协同发展,扩大城市规模,能够扩大产业协同集聚的互补效应。基于上述分析,本书提出第三个理论假设:

假设 3:城市规模与产业协同集聚的互补效应呈正比例关系。

4. 城市间距离

假设 3 表明城市规模与产业协同集聚的互补效应存在正比例关系。在此基础上,我们进一步研究在京津冀地区内中心城市对周边城市产业协同集聚效应的影响大小。北京处于京津冀地区的中心城市地位,生产性服务业比较发达,而北京周边地区尤其是河北省的地级城市,一般制造业比较发达而生产性服务业发展相对滞后。这些次中心城市要想获得生产性服务业与制造业的协调发展,进而推进制造业的转型升级,有两条路径可选:一是加快推进本地区的生产性服务业发展。在制定本地区生产性服务业发展规划时,一定要从市场需求的实际出发,切忌好高骛远造成资源要素的浪费。另外,即使本地区需要某种生产性服务行业,但由于该行业属于知识密集型行业,短期内无法聚集该行业发展所需的各类资源要素,所以就需要采取另一条路径,即地级城市采取与区域内中心城市建立产业合作的方式,利用中心城市生产性服务业的辐射作用带动本地区产业的协同集聚。涉及中心城市对周边城市的辐射作用,那么城市间的距离就成为辐射作用发挥大小的决定性因素。离中心城市空间距离越近,受中心城市生产性服务业辐射的程度和范围也越强;离中心城市空间距离越远,则受中心城市辐射程度和范围越弱。基于上述分析,本书提出第四个理论假设:

假设4:距离区域中心城市空间距离越近,接受中心城市生产性服务业的辐射作用越强。

三、实证检验与结果讨论

1. 计量模型

在进行计量实证分析前,一般需要先对理论假设进行定义,用基本变量来表示,然后通过计量模型进行实证分析验证。在此,本书设城市租金水平设为 RDI_{it},市场规模设为 mar_{it},城市规模设为 cit_{it},距中心城市距离设为 dis_i。在京津冀协同发展背景下,市场一体化发展趋势明显加速,但是由于行政分割的存在,地方政府为了本地区的发展,在资源要素流动方面往往通过各种行政手段加以限制,阻碍了生产性服务业与制造业的协同集聚。基于此考虑,本书用 apa_{it} 来表示市场分割情况,作为基本变量列入理论模型中。另外,随着城市资本密度的提高,区域的商务成本尤其是交易成本也会随之提升,在城市中心区表现为生产性服务业对制造业的挤出效应,不利于两者的协同集聚,鉴于此情况,本书用 cap_{it} 来表示区域的资本密度情况,作为另一个基本变量列入到理论模型中。统计数据主要来源于京津冀地区各城市统计年鉴,选取2008—2015年数据。根据上述分析,本书建立以下回归模型:

$$Ln(RDI_{it}) = \alpha_0 + \alpha_1 Ln(ren_{it}) + \alpha_2 Ln(ren_{it})^2 + \alpha_3 Ln(mar_{it} + \alpha_4 Ln(cit_{it})$$
$$+ \alpha_5 Ln(dis_i) + \alpha_6 Ln(apa_{it}) + \alpha_7 Ln(cap_{it}) + \varepsilon_{it} \qquad (5.3)$$

$$Ln(C_{it}) = \beta_0 + \beta_1 Ln(ren_{it}) + \beta_2 Ln(ren_{it})^2 + \beta_3 Ln(mar_{it} + \beta_4 Ln(cit_{it})$$
$$+ \beta_5 Ln(dis_i) + \beta_6 Ln(apa_{it}) + \beta_7 Ln(cap_{it}) + \mu_{it} \quad\quad (5.4)$$

2. 变量描述

（1）RDI_{it} 表示城市 i 第 t 年生产性服务业与制造业协同集聚的双重效应。另外，为了保证实证结果的稳健性和可靠性，本书在采用 RDI_{it} 进行衡量双重集聚效应的同时，又把经济环境协调度指标 C_{it} 作为计量模型的因变量进行实证分析。

（2）ren_{it} 表示城市 i 第 t 年的租金水平，用土地价格来度量。由于租金水平与互补效应存在倒"U"形关系，为了保证实证结果的合理性，本书在理论模型中加入代表城市租金水平基本变量的二次项。

（3）mar_{it} 表示城市 i 第 t 年的市场规模，用人均 GDP 来度量。

（4）cit_{it} 表示城市 i 第 t 年的规模大小，用城市的地理面积来测度。

（5）dis_i 表示城市 i 距离地区中心城市的距离，用其他城市到中心城市的铁路距离来度量，数值越小说明来自中心城市的辐射作用越明显。

（6）apa_{it} 表示城市分割程度，用非公共财政支出占总财政支出的比率来度量，用来衡量政府对产业协同集聚的干预程度。

（7）cap_{it} 表示资本密度，用该城市第 t 年的固定资产投资总额占城市面积的比率来度量。

3. 实证分析

在计量分析过程中，为了剔除内生性问题造成回归结果偏误，本书采用系统广义矩估计法（GMM）进行估计。具体分析如表 5-1 所示。

表 5-1 以 Ln(RDI$_{it}$) 为因变量的双重集聚效应回归结果

	(1)	(2)	(3)	(4)	(5)	(6)	(7)
Ln (ren)	0.727** (0.343)	0.827** (0.378)	0.693** (0.331)	0.610** (0.293)	0.923** (0.452)	0.674** (0.332)	0.803** (0.401)
Ln (ren)^2	0.183*** (0.032)	−0.094*** (−0.033)	−0.074*** (−0.021)	−0.049*** (−0.012)	−0.043** (−0.021)	−0.044** (−0.019)	−0.076** (−0.035)
Ln (mar)	0.085 (0.64)	0.076 (0.91)	0.028 (0.72)	0.019 (1.23)	0.040 (1.46)	0.037 (1.74)	0.027 (1.34)
Ln (cit)	0.193* (0.112)	0.128* (0.073)	0.163* (0.098)	0.156* (0.085)	0.134* (0.078)	0.164* (0.091)	0.193* (0.112)
Ln (dis)	−0.193** (−0.096)	−0.154** (−0.074)	−0.165** (−0.082)	−0.147** (0.073)			
Ln (apa)		−0.045 (−1.28)		−0.066 (−1.92)	0.083 (1.75)	0.084 (0.74)	0.026 (1.37)
Ln (cap)			−0.315 (−1.43)	−0.358 (−1.24)	−0.341 (−1.85)	−0.387 (−1.22)	−0.287 (−1.13)
F	139.42	137.670	532.640	567.410	462.450	495.460	167.250
AR(2) P 值	0.466	0.716	0.973	0.769	0.384	0.725	0.541
Hansen 检验 P 值	0.677	0.885	0.948	0.612	0.410	0.565	0.582
Difference −in− Hansen 检验 P 值	0.545	0.538	0.632	0.684	0.769	0.563	0.583

资料来源：根据京津冀各地区统计年鉴数据整理所得。

由表 5-1 可知，城市租金水平一次项回归系数和二次项回归系数分别为正值和负值，说明城市租金水平与生产性服务业和制造业的协同集聚效应存在倒"U"的关系，即随着城市租金水平的上升，产业的协同集聚效应随之上升;当城市租金水平上升到一定程度后,如果继续上升则会导致产业的协同集聚效应随之出现下降。因此,在城市租金水平波动过程中,存在一个均衡值,使产业协同集聚效应达到最大值。市场规模变量和城市规模变量的值为正,符合理论假设的预期。距中心城市距离变量的系数为负,说明随着城市距离的增加,北京对周边城市的辐射效应呈递减趋势,北京在推动周边地区生产性服务业与制造业协同集聚过程中的力量也随之递减。控制变量市场分割程度的回归系数为负值,说明政府过度干预造成的市场分割阻碍了区域内生产性服务业与制造业的协同集聚效应的提高,这与理论假设中的预期保持一致。但是变量不显著,说明政府干预也存在积极的一面,比如京津冀协同发展背景下,政府之间的沟通协调以及基础设施的共建共享等,都促进了京津冀地区产业的协调发展,在一定程度上促进了市场一体化的发展。但是行政分割导致的地区利益分割,很难避免地区间市场分割带来的消极效应。资本密度的提高阻碍了产业协同集聚效应的提高,符合理论预期。

为了进一步验证计量模型检验的稳定性,本书以 $Ln(C_{it})$ 为因变量从另一个角度对生产性服务业与制造业协同集聚的双重效应进行分析,如表5-2所示。

表5-2 以 $Ln(C_{it})$ 为因变量的双重集聚效应回归结果

	（1）	（2）	（3）	（4）	（5）	（6）	（7）
Ln (ren)	0.048** (0.012)	0.817*** (0.312)	0.663*** (0.124)	0.128*** (0.031)	0.083 (0.075)	0.073** (0.036)	0.046** (0.022)
Ln (ren)²	−0.013** (−0.006)	−0.028** (−0.013)	−0.054*** (−0.009)	−0.019** (−0.009)	−0.140** (−0.070)	−0.012** (−0.006)	−0.005** (−0.003)
Ln (mar)	0.013 (1.64)	0.001 (1.33)	0.006 (0.78)	0.001 (1.07)	0.003 (1.26)	0.001 (1.63)	0.001 (1.65)
Ln (cit)	0.032** (0.016)	0.018** (0.07)	0.043** (0.021)	0.116* (0.061)	0.158* (0.091)	0.189* (0.101)	0.183* (0.102)

续表

	（1）	（2）	（3）	（4）	（5）	（6）	（7）
Ln（dis）	−0.193** （−0.032）	−0.182** （−0.032）	−0.165** （−0.023）	−0.137** （−0.024）			
Ln（apa）		−0.055 （−1.62）		−0.047 （−1.67）	−0.033 （−1.62）	−0.003 （−1.37）	−0.026 （−1.85）
Ln（cap）			−0.073 （−1.45）	−0.055 （−0.52）	−0.042 （−1.66）	−0.087 （−1.47）	−0.087 （−1.67）
F	267.612	87.134	68.150	137.750	35.174	26.431	59.418
AR（2） P 值	0.486	0.871	0.827	0.675	0.842	0.498	0.641
Hansen 检验 P 值	0.157	0.837	0.367	0.734	0.537	0.822	0.544
Difference-in-Hansen 检 验 P 值	0.274	0.582	0.567	0.637	0.852	0.763	0.566

资料来源:根据京津冀各地区统计年鉴数据整理所得。

从表5-2的回归系数可以看出,在把因变量换成了经济环境协调度后,实证分析发现,基本变量的系数虽然发生了较小变化,但是每个变量系数的正负号没有发生改变,而且回归系数的显著性没有改变。因此,改变因变量后,实证结果仍然符合理论预期。

第二节　产业协同集聚与城市经济增长

一般情况下,产业之间的协同集聚,能够促进产业结构水平的优化调整,进而提升地区的经济发展水平。通过协同集聚,一方面,制造业可以融合生产性服务业的知识密集型特征,提高制造业生产效率,增强地区的工业竞争力;另一方面,生产性服务业可以借助制造业创造的广阔市场,根据需求来调整生产性服务业的发展方向和强化生产性服务业的专业化能力。本书据此提出在产业协同集聚作用下,生产性服务业与制造业的融合发展能够推动城市经济增长的观点。但是,根据产业集聚原理,在一定空间范围内,如果产业出现过度集聚,造成资源紧张和生态环境的破坏,就会出现负面效应。因此,产业协同集聚与城市经济增长之间并非简单的线性关系,而是受到特定因素的制约。

在京津冀地区范围内,两者的协同集聚效应会随着城市规模和区域规模的变化而变化。关于这个结论,本书在进行产业协同集聚的双重效应分析时已经论证。但是在提出城市规模对产业协同集聚的双重效应有直接影响时,只是简单地提出城市规模的扩大有助于提高产业协同集聚的双重效应水平,但没有对城市规模的范围进行明确界定。为了进一步深化城市规模对产业协同集聚效应的认识,本书把城市规模指标作为门限变量,通过构建门限回归模型来验证产业协同集聚效应对城市经济增长的影响。

一、门限回归模型

本书利用生产函数估计产业协同集聚与地区经济增长之间的关系,将基本生产函数设定为希克斯中的 C-D 函数形式。如下所示:

$$Y_i = A(Coag) \cdot F(K_i, L_i) \tag{5.5}$$

式中 Y 表示总产出,K 表示资本,L 表示劳动力,Coag 表示生产性服务业与制造业协同集聚度,F(·)表示生产函数,在此假定规模报酬不变。两边同时除以 L 可得:

$$(Y/L)_{it} = A(Coag_i) \cdot f[(K/L)_{it} \tag{5.6}$$

根据上述公式,本文按照面板数据模型的要求设定如下:

$$Lny_{it} = \beta_0 + \beta_1 LnCoag_{it} + \beta2 Lnk_{it} + \gamma Lnx_{it} + \varepsilon_{it} \tag{5.7}$$

其中,x 是由一系列控制变量组成的列向量,ε 是随机误差项。

在上述理论基础上,按照 Hansen(1999,2004)提出的面板数据门限模型分析方法,基本方程(单一门限值)形式为:

$$i_{it} = \beta_0 + \beta_1 x_{it} \cdot I(q_{it} \leq \eta) + \beta_2 x_{it} \cdot I(q_{it} > \eta) + \varepsilon_{it} \tag{5.8}$$

其中,q_{it},为门限变量,η 为门限值,$I(\cdot)$为指示函数。将被解释变量和解释变量引入模型可得面板门限模型,如下式所示:

$$LnAgdp_{it} = \beta_0 + \beta_1 LnCoag_{it} I(LnSize \leq \eta) + \beta_1 LnCoag_{it} I(LnSize > \eta)$$
$$+ \beta_2 Lnk_{it} + \beta_3 LnFdi_{it} + \beta_4 LnInCstu_{it} + \beta_5 LnCstu_{it} + \beta_6 LnTrs_{it}$$
$$+ \beta_7 LnCov_{it} + \beta_8 LnStr_{it} + \varepsilon_{it} \qquad (5.9)$$

二、变量描述

1. Agdp 表示城市经济增长,用人均国内生产总值测度,并用 CPI 指数折算成以 2000 为基期的实际值。用 y 来表示。

2. Coag 表示生产性服务业与制造业协同集聚度,结合可操作性和数据的可获得性,测度方法仍借鉴和采用吉亚辉和甘丽娟(2015)的模式,具体计算公式见第四章内容。

3. Size 表示门限变量,本书将城市规模作为门限变量,用市辖区年末总人口来测度,用于检验产业协同集聚效应对城市经济增长的影响。

4. 控制变量

(1)k 表示物质资本因素,借鉴柯善咨(2009)中的方法进行估算,用人均国内资本存量来测度。

(2)Fdi$_{it}$ 表示对外开放程度,采用第四章内容中的计算模式,用外商直接投资进行测度。

(3)indus 表示城市产业结构,用第二产业增加值占 GDP 比重进行测度。

(4)Cstu 表示城市人力资本水平,采用第四章中知识密集度指标进行测度,用大专及以上学历人数占总人数比重进行测度。

(5)Trs 表示本地市场效应,用市辖区社会消费品零售额占全国的比重进行测度。

(6)政府规模:采用第四章中的计算方法,用地方财政支出占 GDP 比重进行测度,在此用 Gov 表示。

(7)城市基础设施投资:用市辖区人均城市道路面积进行测度,用 Str 来表示。

三、实证检验与结果讨论

根据豆建民和刘叶(2014)的研究思路和方法,对于任意一个门限值 λ 都可以通过求残差平方和 $S_i(\eta) = e_i(\eta)' e_i(\eta)$ 得到各参数的估计值,而最优门限值 η^* 应该使其在所有残差平方和中最小,即 $\eta^* = \arg\min S_i(\eta)$。检验结果如表5-3所示。

表5-3　城市规模的门限效应检验结果、门限值及置信区间

模型	F 值	P 值	临界值			门限值	置信区间
			1%	5%	10%		
单一门限	16.103***	0.000	13.566	9.482	5.335	13.247	[12.122　15.355]
双重门限	92.626***	0.000	-9.447	-16.227	-21.062	12.832 14.835	[12.226　14.518] [13.482　14.547]
三重门限	-19.663	1.000	7.837	3.922	1.476	14.366	[14.629　14.552]

资料来源:根据京津冀各地区统计年鉴数据整理所得。括号里的数值表示标准差,***代表1%的显著性水平,**代表5%的显著性水平,*代表10%的显著性水平。

单一门限的 F 值为 16.103,双重门限的 F 值为 92.626,P 值均为 0.000,在1%的水平下通过了显著性检验,而三重门限不存在。因此,本书将计量模型确定为双重门限模型,其中第一门限为 12.832,第二门限为 14.835,并将样本数据划分为三个区间[13.247,12.832]、[12.832,14.835]、[14.835,14.366)。

在具体模型估计中,考虑到往期经济增长对当期经济增长的影响,因此,本书在设计计量模型时,把被解释变量即经济增长的滞后项作为解释

变量,引入计量模型。具体计量模型如下:

$$
LnAgdp_{it} = \begin{cases}
\beta_0 + \beta_1 LnAgdp_{it-1} + \beta_2 LnCoag_{it} + \beta_3 Lnk_{it} + \beta_4 LnFdi_{it} + \\
\beta_5 LnIndus_{it} + \beta_6 LnCstu_{it} + \beta_7 LnTrs_{it} + \beta_8 LnCov_{it} + \beta_9 LnStr_{it} + \\
\varepsilon_{it}, if LnSize_{it} \leqslant 12.346 \\
\beta_0 + \beta_1 LnAgdp_{it-1} + \beta_2 LnCoag_{it} + \beta_3 Lnk_{it} + \beta_4 LnFdi_{it} + \\
\beta_5 LnIndus_{it} + \beta_6 LnCstu_{it} + \beta_7 LnTrs_{it} + \beta_8 LnCov_{it} + \beta_9 LnStr_{it} + \\
\varepsilon_{it}, if LnSize_{it} \leqslant 14.502 \\
\beta_0 + \beta_1 LnAgdp_{it-1} + \beta_2 LnCoag_{it} + \beta_3 Lnk_{it} + \beta_4 LnFdi_{it} + \\
\beta_5 LnIndus_{it} + \beta_6 LnCstu_{it} + \beta_7 LnTrs_{it} + \beta_8 LnCov_{it} + \beta_9 LnStr_{it} + \\
\varepsilon_{it}, if LnSize_{it} > 14.502
\end{cases}
$$

$$(5.10)$$

考虑到内生性及过度识别等问题可能对模型估计带来的严重偏误,本书采用动态 GMM(Sys-GMM)估计方法,对不同城市规模下生产性服务业与制造业协同集聚对城市经济增长影响的差异进行实证分析,并通过 AR(1)、AR(2)和 Hansen J 统计量对模型进行序列相关性和过度识别检验。门限面板模型回归结果如下所示:

1. 当 LnSize≤12.832,城市人口规模小于 778.26 万人时,物资资本因素、产业结构、本地市场效应和城市基础设施投资分别通过了 1%、1%、1%和 5%的显著性检验,说明四个因素对城市经济增长有显著的促进作用,而政府规模对城市经济增长的作用并不显著。

2. 当 12.832<LnSize≤14.835,城市人口规模位于 778.26 万人和1863.57 万人之间时,物资资本因素、产业结构、城市基础设施投资对于城市经济增长呈显著作用,但是贡献度呈现下降趋势,说明依靠物资因素投入的城市经济增长正面临经济增长瓶颈的制约,而随着市场规模的扩大,

本地市场效应的作用不断增大,市场机制的作用将得到更大的发挥。另外,政府规模随着城市规模的不断扩大,对城市经济增长呈现一定的制约作用。而城市人力资本水平随着城市规模的扩大,虽然在人数规模上不断增加,但是对经济增长存在一定的抑制作用,究其原因在于城市规模的扩大,对高素质人才的需要逐渐从数量开始向质量转变。

3. 当 LnSize>14.835,城市人口规模超过 1863.57 万人时,物资资本因素、产业结构、城市人力资本水平对于城市经济增长呈显著推动作用,但城市基础设施投资、政府规模两个基本变量对城市经济增长存在阻碍作用,虽然回归系数不显著。

表 5-4 产业协同集聚对城市经济增长门限效应的回归结果

变量	模型 1	模型 2	模型 3
	LnSize ≤ 12.832	12.832 < LnSize ≤ 14.835	LnSize > 14.835
LnAgdp-1	0.7021 *** (0.1272)	0.8222 *** (0.1353)	0.7054 *** (0.1361)
LnCoag	−0.1766 *** (−0.0291)	0.0112 *** (0.0013)	0.0694 (0.0625)
Lnk	−0.0356 *** (−0.012)	0.0662 *** (0.0237)	0.1710 ** (0.0382)
LnFdi	0.0160 (0.0203)	0.0199 *** (0.0034)	0.2241 *** (0.0350)
LnCstu	0.0245 (0.0512)	−0.0321 (−0.0642)	0.0381 * (0.0236)
LnCov	0.0267 (0.0349)	−0.0243 (−0.0194)	−0.0286 (0.0433)
LnStr	0.1472 ** (0.0645)	0.0355 ** (0.0165)	−0.0358 (−0.0294)

续表

变量	模型1	模型2	模型3
	LnSize≤12.832	12.832<LnSize≤14.835	LnSize>14.835
LnTrs	0.3681*** (0.1217)	0.0886*** (0.0245)	0.2671*** (0.1014)
cons	0.1582*** (0.0336)	−0.0308*** (−0.0096)	0.0164 (0.0091)
N	4.6166*** (0.9081)	1.3365*** (0.2675)	4.6078*** (1.1541)
AR(1) AR(2)	0.063 0.862	0.000 0.310	0.000 0.300
Hansen J	1.000	0.178	0.995

资料来源:根据京津冀各地区统计年鉴数据整理所得。

由表5-4可知,在不同城市规模的模型估计中,LnCoag 的参数不论在正负、大小还是显著性水平上都存在较为明显的差异,充分说明生产性服务业与制造业协同集聚对城市经济增长存在门限效应,即不同城市规模条件下,产业协同集聚对城市经济增长存在非线性关系。

当 LnSize≤12.832 时,人均 GDP 对生产性服务业与制造业协同集聚指数的弹性系数为−0.1764,且通过1%的显著性检验。这说明当城市人口规模小于778.26万人时,生产性服务业与制造业的协同集聚不利于当地经济的发展。究其原因在于,当城市规模较小时,制造业占据主导地位,服务业发展比较滞后,在城市地理空间分布上呈现出制造业对生产性服务业的挤出效应。另外,当城市规模较小时,当地经济发展以制造业为主导,如果当地政府好高骛远追求产业结构的高端化和服务化,大力扶持生产性服务业发展,必然会与制造业形成资源争夺态势,压缩制造业的发展空间。

当 12.832<LnSize≤14.835 时,人均 GDP 对生产性服务业与制造业协同集聚指数的弹性系数为0.0108,且通过了10%的显著性检验。这说明当城市人口规模跨过一定的制约门槛后位于778.26万人和1863.57万人

之间时,产业协同集聚开始与城市经济增长步入协同发展的轨道,形成一种互动的促进关系。产业协同集聚有助于改善城市的产业结构水平,进而推动当地经济的快速发展。而城市经济的快速发展又反过来为生产性服务业和制造业创造良好的发展条件,推进两者在城市空间范围内的进一步协同集聚。在此背景下,生产性服务业获得较大的市场需求,从而发展空间不断增大;制造业效率也得到了很大提升,并在城市空间范围内与生产性服务业形成良性互动的发展局面。

当 LnSize>14.835 时,人均 GDP 对生产性服务业与制造业协同集聚指数的弹性系数为-0.0692,未通过显著性检验。这说明当城市人口规模超过 1863.57 万人时,产业协同集聚会出现负面效应,对城市经济增长产生阻碍作用。本书认为产生这种负效应主要是产业过度集聚造成的拥挤,导致城市生产成本的上升,尤其是商务成本的上升,对制造业等实体经济发展极为不利。在这种情况下,由于制造业难以承受高昂的城市租金水平,开始城市周边地区进行转移,与生产性服务业在城市中心区实现了分离。另外,随着城市人口规模的持续扩大,生产性服务业得以发展的环境也会受损,比如通信网络拥挤导致信息沟通不畅,交通拥挤导致工作效率降低等,必然使生产性服务业的效率降低,最终导致城市"空心化"现象的发生。

另外,由上表 Sys-GMM 门限回归结果可以看出,人均 GDP 滞后项(LnAgdp-1)的估计系数在三个样本模型中均为正且通过了 1% 的显著性水平检验,说明城市当前经济发展与前期经济发展水平之间存在极显著正相关,同时也印证了利用 Sys-GMM 对上述计量模型进行估计的合理性。

第三节　产业协同集聚与雄安新区发展

经过多年的协同发展,京津冀地区目前已经形成了较为稳定的区域结构,无论在区域治理体系方面,还是产业协调发展方面,都逐步进入区域融合发展的良好态势。2017 年 4 月,中共中央、国务院正式对外宣布设立雄安新区;2018 年 4 月,中共河北省委、河北省人民政府正式颁布《河北雄安新区规划纲要》,此纲要成为指导雄安新区规划建设的基本依据。雄安新区将紧紧围绕打造北京非首都功能疏解集中承载地,创造"雄安质量"、成为新时代推动高质量发展的全国样板。雄安新区设立后,原来的区域治理体系必然会被打破。作为京津冀地区乃至北方地区新的增长极,国家对雄安新区的发展定位以及主导产业的选择和空间规划的制定,会对京津冀地区生产性服务业与制造业协同集聚产生显著的影响。同时,雄安新区规划纲要明确指出,到 21 世纪中叶,雄安新区将全面建成高质量高水平的社会主义现代化城市,成为京津冀世界级城市群的重要一极,形成以北京、天津、雄安新区为支点的三个增长极,用于带动京津冀地区的协同发展。因此,从协同发展角度来看,京津冀地区生产性服务业与制造业的协同发展也必然会对雄安新区的未来定位产生重要影响。基于彼此间相互影响的分析思路,本章重点研究了雄安新区背景下京津冀地区生产性服务业与制造业协同集聚面临的时代特点。

一、雄安新区与京津冀的关系

雄安新区地处北京、天津、保定腹地,距北京、天津均为 105 千米,距石家庄 155 千米,距保定 30 千米,距北京大兴国际机场 55 千米,区位优势明显。为了深入研究雄安新区设立背景下京津冀地区生产性服务业与制造业协同集聚的时代性,本书首先对雄安新区与京津冀三地的关系进行了详细分析。

1. 雄安新区与北京的关系

作为北京非首都功能疏解集中承接地,雄安新区要与北京城市副中心形成北京发展新的两翼,共同承担起解决北京"大城市病"的历史重任,积极探索人口经济密集地区优化开发新模式。目前,雄安新区城镇化水平比较低,产业基础比较薄弱,产业结构不合理,传统产业占比较大。高端要素如人力资本、科技资源比较匮乏。尽管国家给予政策支持和资金扶持,但要想建设成为继深圳经济特区和上海浦东新区之后又一具有全国意义的新区,必须正确处理好与北京的关系。一方面,要借助北京非首都功能疏解的历史性机遇,采取超常规的途径和手段做好集中承载地的建设,通过国家的政策扶持和资金支持,快速度高质量引进北京疏解的高端高新产业和高层次人才,为雄安新区高端高新产业起步发展,建设创新型城市奠定良好的产业基础;另一方面,雄安新区在承接北京非首都功能疏解的同时,也要正确处理好与北京在产业结构方面的差异化发展,避免在规划和发展过程中造成产业结构的低端复制,甚至与北京在产业发展方面存在资源争夺等不利的现象。

2. 雄安新区与天津的关系

从目前来看,雄安新区作为北京非首都功能疏解集中承载地,与北京的关系较为紧密,与天津的关系相对滞后。但随着京津冀协同发展的不断推进,雄安新区与天津的相互依赖关系会逐渐上升。总体来看,两地之间合作与竞争关系还有待进一步合理化调整。一方面,雄安新区设立之前,天津以有利的地缘优势和产业优势,成为北京产业转移的承接地,并推动天津经济快速发展。雄安新区设立后,在国家政策指导下许多非首都功能的产业开始响应国家号召,将产业转投雄安新区建设。目前,已有多家央企表示未来将在雄安新区投资,甚至将总部设在雄安新区,这无疑会削弱天津乃至滨海新区的竞争力。另一方面,挑战与机遇并存,雄安新区设立将拉动河北经济的快速发展,缩小河北与天津的经济发展差距,扩大合作的最大公约数,最终提升河北与天津协作发展的质量,这种协作涵盖了城市功能分工、产业分工协作等领域,并体现在人流、资金流、信息流、物流等资源要素的合理流动。

3. 雄安新区与河北的关系

从产业结构优化调整来看,雄安新区的建设有助于打破河北省长期以来形成的重化工业固有模式,带动产业结构高质化发展。目前,河北省以钢铁、石油、医药、建材、化工、装备制造等产业为主导,服务业发展缓慢、比重偏小、竞争力弱、产业结构不合理、发展层次比较低,尤其是生产性服务业对重化工业的推动作用不明显。从可持续发展的角度出发,河北省产业结构调整迫在眉睫,急需提升服务业比重,找到服务业尤其是生产性服务业发展的优势行业,形成新的经济增长点,实现河北省在新时代动能转换方面的成功转型。

雄安新区高起点布局高端高新产业,加快改造传统产业,致力于建设实体经济、科技创新、现代金融、人力资源协同发展现代产业体系。尤其是规划建设中的启动区,将突出创新特色,重点集聚一批互联网、大数据、人工智能、前沿信息技术、现代金融等创新型、示范性生产性服务业,发挥引领带动作用,承担起带动河北产业转型升级的重要引擎作用。在空间规划方面,新区将严防"贴边"发展,划定城镇开发边界,严格控制城镇建设方向,加强新区及毗邻地区管控。在与保定、廊坊、沧州等周边地区协调发展方面,雄安新区将统筹承接北京非首都功能疏解,防止产业无序转移。

二、雄安新区提升产业协同集聚水平

雄安新区作为国家层面的战略举措,不只是在河北建立一个国家级现代化新区,更多是为了统筹解决京津冀地区长期以来发展的不协同问题。基于此思路,本书从推动产业协同发展的视角,重点分析了雄安新区建设对京津冀地区生产性服务业与制造业协同集聚的提升作用。

1. 缩小地区间发展差距,为产业协同集聚创造良好环境

目前,京津冀协同发展的主要问题表现在区域内部发展的不协调不平衡。河北省无论在经济发展水平还是公共服务水平方面,都与北京、天津存在比较大的差距。北京作为全国的政治中心,天津作为全国的综合配套改革试验区,在工业化和城镇化推进过程中集聚了大量的资源要素,对河北地区形成强大的"虹吸效应"。河北作为京津冀地区协同发展的短板,无法充分发挥京津两地发展的"腹地"支撑作用,长远来看必然制约京津两地的远期发展潜力。京津两地与河北地区呈现出的发展落差既不利于解决北京人口资源过度密集的问题,也无法再承接产业转移、接受京津城市辐射方面释放更大的发展活力,阻碍了生产性服务业与制造业在京津冀地区的协同集聚。因此,党中央、国务院从国家发展战略的高度,提出建设雄安新区打破原有的利益格局,以雄安新区为战略支撑点,深化京津冀地区的协同发展改革,目的就是将其作为新的增长极,借助北京非首都功能疏解政策的实施,加大雄安新区的开发力度,加快提升河北省的经济体量,

消除京津冀地区之间的悬殊差距。同时,通过制定科学的产业政策,发展高端高质化产业,增强雄安新区对京津冀地区生产性服务业与制造业协同集聚的引领示范作用。

2. 打破地区间锁定效应,增强河北在产业协同集聚中的 主体地位

目前,随着滨海新区开发开放以及自由贸易区的实践探索和建设,天津经济发展提振改变了京津冀地区北京一城独大的现象,逐渐形成了北京与天津两个增长极的格局。从城市发展规划来看,北京的政治中心功能逐渐加强,天津的经济地位也逐渐提升。从 GDP 总量来看,2006 年,天津 GDP 总量占北京总量的 56%,到了 2016 年,北京为 24,899.3 亿元,天津为 17,885.39 亿元,天津 GDP 总量占北京总量的份额上升到 71%。从区域发展的角度看,这种"中心—外围"的空间布局状态,受路径依赖与发展黏滞性影响,短期内不但无法实现资源要素流动方向的扭转,而且在很大程度上会进一步限制北京、天津生产性服务业与制造业在河北省域的协同集聚。因此,只有跳出以往形成的"中心—外围"布局现状,通过在河北省内设立雄安新区,从国家战略层面加以政策扶持,才能形成新的增长极,以抗衡京津两地的"虹吸效应"。

结合本书的研究主题,要发挥好河北在京津冀地区生产性服务业与制造业协同集聚中的主体作用,一方面需要打破生产性服务业与制造业在地区间的锁定效应,在北京、天津之外形成新的增长极。通过做好承接北京产业的转移,带动资源要素流动进而实现生产性服务业与制造业在空间上的转移和集聚,推动产业的协同集聚。另一方面,要利用雄安新区建立"反磁力中心",用于抗衡北京、天津对河北的"虹吸效应"。只有在产业发展、交通设施、宜居环境、公共服务等方面实行更高质量水平的定位,建立比北京、天津更完善的社会保障条件和产业发展环境,才能使雄安新区在

未来发展中比北京、天津更有吸引力,进而提升河北的经济发展水平,增强河北在京津冀地区生产性服务业与制造业协同集聚中的主体地位。

三、产业协同集聚助推雄安新区高质量发展

通过实施京津冀地区生产性服务业与制造业协同集聚,推进雄安新区产业结构水平提升和空间布局优化,具有重要的现实指导意义。

1. 产业协同集聚有助于优化雄安新区产业结构水平

《河北雄安新区规划纲要》中明确指出,雄安新区产业建设要瞄准世界科技前沿,面向国家重大战略需求,通过承接符合新区定位的北京非首都功能疏解,积极吸纳和集聚创新要素资源,高起点布局高端高新产业,重点发展新一代信息技术产业、现代生命科学和生物技术产业、新材料产业、高端现代服务业和绿色生态农业。京津冀地区生产性服务业与制造业协同集聚中,生产性服务业尤其是金融业、信息通信技术、科学研究等高端行业都属于知识密集型行业,在经济发展中处于引领地位。在雄安新区启动区建设阶段,实施京津冀地区生产性服务业与制造业协同集聚,有利于推动高端生产性服务业按照雄安新区产业定位发展需求,通过空间产业转移和要素资源流动,快速在雄安新区集聚起来。具体做法就是融入京津冀地区生产性服务业与制造业现有的发展格局,统筹兼顾产业间的横向协同分工和产业链的纵向协同分工,采用现代产业分工模式来替代传统分工模式,使产业的生产环节或功能环节布局在不同地区,从而实现雄安新区与京津冀其他地区的产业分工与合作。实施中,重点是扩大雄安新区与京津冀其他地区利益的最大公约数,在产业链条上实现与北京、天津以及河北其他地区的产业互补和对接,实现与京津冀地区产业的融合发展。

2. 产业协同集聚有助于优化雄安新区空间布局水平

雄安新区位于冀中平原的中部,规划面积 1770 平方千米。由于雄安新区面积相对有限,如何高效合理地利用好每一寸土地成为当前新区开发建设面临的重要问题。目前,雄安新区采取了分步分期对雄安新区进行开发的策略,先行规划建设启动区(面积 20~30 平方千米)重点承接北京非首都功能疏解。从国内外开发区开发建设的经验可以看出,实行区域内产业集聚不但能够短期内迅速集中优势提升开发区的发展活力,增强在当地的引领示范带动作用,最大限度发挥开发区内产业集聚的规模效应和技术外溢效应,而且可以集约高效利用土地,提高单位土地面积的产出值,引导开发区走一条内涵式的集约型发展道路。

借鉴国内外开发区的发展思路,京津冀地区生产性服务业与制造业的协同集聚,不但可以引领雄安新区产业在空间布局上实现集聚发展,而且能够推动二、三产业在区域内的协同发展。由于雄安新区不同于一般的地方性开发区,在建设雄安新区时对未来产业的规划和引进既要考虑产业的多样性,又要考虑彼此之间的内在关联性,通过产业之间的内在关联实现产业在有限空间的协同集聚分布,提高产业之间的融合发展程度。其中,在引进产业时,可以借助北京非首都功能疏解的政策优势,重点引进产业链条长、价值定位高的生产性服务业。在建设过程中,雄安新区除了协调好与京津冀的关系,还要站在打造京津冀世界级城市群的高度,积极实施产业转移的国际化发展战略,主动承接世界先进科技创新成果,建立先进科技成果转化中心,把产业定位在世界级层面。

第六章

研究结论、
对策建议与研究展望

第一节 研究结论

本书综合运用区域经济学和产业经济学的有关原理与方法,结合京津冀地区经济发展的实际,从产业层面和空间层面两个维度,从理论和实证两个方面较深入地研究了该地区生产性服务业与制造业协同集聚的有关问题,并得出了一些有指导性的研究结论。

一、京津冀地区制造业空间集聚不断优化

从京津冀制造业区域分工来看,经过多年的区域协调发展战略的实施,三地在制造业分工方面有了明显的改善,产业差异性不断增强,结构趋同现象得到明显缓解,互补作用逐渐发挥出来。但是在某些具体行业,京津冀地区还存在分布不合理的现象。例如,北京、天津在专用设备制造业方面竞争比较激烈,而天津拥有更完善的发展基础。北京与河北的制造业分工相对明确,结构差异性比较大,因此互补作用也比较大。天津与河北在制造业方面的结构趋同现象也得到明显的缓解,除了化学原料和化学制品制造业、金属制品业等行业的区位熵都超过 1 以外,其他行业在各自区域内的优势还是比较明显的。

从京津冀制造业行业转移态势来看,北京、天津、河北之间的产业转移是客观存在的,以北京转出,天津、河北转入为主。但现实中,天津、河北在

承接北京产业转移过程中,存在一定程度的无序竞争,双方都想从北京的产业转移中争抢资源。国家实施北京非首都功能疏解政策后,协调处理好天津与河北在承接北京产业转移方面的关系显得更为重要。

二、京津冀地区生产性服务业空间集聚存在显著差异

从产业层面看,京津冀地区生产性服务业尤其是高端行业方面存在明显的集聚优势,且呈现不断增长的趋势,这对京津冀协同发展和京津冀地区经济体量提升,并成为北方地区经济发展的增长极具有重要的推动作用。比较分析北京、天津和河北三地生产性服务行业的具体变化趋势,发现北京近年来高端生产性服务业诸如信息通信、科学研究、技术服务等行业获得高速发展,空间集聚程度不断提高,而天津与河北在交通运输、仓储及邮政业,批发与零售业等传统服务行业的集聚优势比较明显。从生产性服务行业的集聚趋势可以看出,北京的产业结构水平和发展质量明显高于天津和河北两地。

从区域层面分析看,北京生产性服务业的区位熵在考察期内始终大于1,说明北京生产性服务业的外向型特征比较明显,这种外向型特征主要体现在对周边地区的辐射方面,而天津、河北两地的生产性服务业集聚趋势相对比较弱化。按照《京津冀协同发展规划纲要》的城市定位要求,天津要实现"一基地三区"的功能目标,河北要实现"三区一基地"功能定位,都离不开生产性服务业的协同支持。随着北京非首都功能疏解政策的继续实施,生产性服务业也会不断向周边地区实现转移,这种空间转移必然对天津和河北经济发展带来辐射效应。

三、产业联动与空间联动构成产业协同集聚内在机理

从产业层面可以得知,在控制其他变量不变的情况下,产业的投入产

出关联促进了生产性服务业与制造业的协同集聚,知识密集度则通过行业间的知识外溢提升了产业协同集聚的水平。具体来看,两者的上下游产业关联促进了彼此的协同集聚,但是影响程度不同。生产服务业作为一种中间投入品,除了供应制造业外,还为其他服务业提供中间服务产品。因此,生产性服务业在空间布局上除了与制造业保持协同集聚外,或者说倾向于布局在制造业周围外,还要考虑如何服务其他服务行业。另外,生产性服务业与制造业实现协同集聚,但又不完全依赖制造业。制造业的生产布局过去主要依赖生产要素的可获得性,主要从要素成本的角度考虑空间布局。随着传统制造业生产能力的急剧扩大和产品的大量过剩,制造业产品的销售产值和利润水平急剧下降,严重损害到实体经济的健康发展。在此背景下,通过知识密集型生产性服务业的渗透和融合发展,推动制造业转型升级,实现生产过程精细化、产品差异化和高质量化显得至关重要。因此,制造业对生产性服务业的空间布局依赖性逐渐加强。

从空间层面可以得知,要素成本和交易成本对生产性服务业和制造业的空间布局存在显著影响,尤其是交易成本的变化不仅使得存在均衡的交易成本水平,而且使得生产性服务业与制造业协同集聚度达到最优。同时,交易成本的变化与城市规模或城市圈规模的大小又存在一定的关系。具体来看,制造业交易成本的降低,即交通运输成本的降低能够促进制造业向生产性服务业集聚地靠近,进而依靠生产性服务业作为中间投入品实现制造业的融合发展和转型升级。因此,交通运输成本的降低有助于实现生产性服务业与制造业的协同集聚。而信息通信成本的较低,则会使得生产性服务业进一步集聚在知识密集型的区域,如劳动力素质比较高和信息化水平比较发达的区域,而这些区域往往处在城市的中心区,地租比较高。从生产性服务业的集聚倾向可知,制造业由于无法承受城市中心区的高地租,只能被迫向城市郊区转移,因此,信息化交易成本的降低反而使得生产性服务业与制造业在空间布局上实现了"挤出性"的空间布局。另外,城市规模对生产性服务业与制造业的协同集聚也存在显著的影响。在京津冀地区,一个比较突出的现象就是河北省地级市的制造业往往比较发达,而生产性服务业发展缓慢,且多样化程度不高。而北京、天津的生产性服务业多样化程度相对比较高,尤其是北京已经实现了产业结构的服务化。

四、生产性服务业与制造业协同集聚效应有待提升

从生产性服务业与制造业协同集聚的双重效应研究可知,京津冀地区范畴内存在一个均衡的城市租金水平,使得生产性服务业与制造业协同集聚效应达到最大化。随着城市规模和市场规模的扩大,生产性服务业与制造业协同集聚效应不断提高。在京津冀地区内,距离中心城市北京越近,越有利于接受北京生产性服务业的辐射作用,进而带动该地区制造业的发展,实现产业协同集聚效应的提升。城市商务成本的提高,必然对制造业尤其是劳动密集型制造业存在一定的挤出效应。在京津冀协同发展背景下,由于存在行政区划分割,地区市场还没有发展到一体化的趋势,生产要素无法根据市场需求自由流动,在一定程度上限制了京津冀地区生产性服务业与制造业协同集聚效应的提升。

从生产性服务业与制造业协同集聚对城市经济增长的影响分析可知,协同集聚的参数不论在正负、大小还是显著性水平上都存在较为明显的差异,说明生产性服务业与制造业协同集聚对城市经济增长存在门限效应,即不同城市规模条件下,产业协同集聚对城市经济增长存在非线性关系。当城市人口规模小于778.26万人时,生产性服务业与制造业的协同集聚不利于当地经济的发展;当城市人口规模跨过一定的制约门槛后位于778.26万人和1863.57万人之间时,生产性服务业与制造业的协同集聚能够促进当地城市经济的发展。当城市人口规模超过1863.57万人时,生产性服务业与制造业的协同集聚反而会阻碍当地城市经济的发展。另外,由

门限回归结果可以看出,城市当前经济发展与前期经济发展水平之间存在极显著正相关。

从产业协同集聚与雄安新区发展分析可知,雄安新区要肩负起推进京津冀协同发展的重任,最重要就是融入现有的区域发展格局,并在产业链条上实现与北京、天津以及河北省的产业互补和对接。从总体思路看,雄安新区应从促进京津冀协同发展的战略出发,定位好自身的产业发展规划,制定科学的产业政策,通过发展高新产业增强新区的产业引领、示范和支撑作用,扩大新区与京津两地和河北省其他地区利益的最大公约数,实现与京津冀地区的抱团式发展和融合式发展。具体实施中,雄安新区应该在产业结构方面实现与京津冀各城市的竞合关系,统筹兼顾产业间的横向协同分工和产业链的纵向协同分工,采用现代产业分工模式来替代传统分工模式,使产业不同环节或功能环节分别在不同地区生产,从而实现京津冀地区高质量的产业分工与合作。

第二节 对策建议

京津冀协同发展建立在产业协同发展基础之上。通过推进生产性服务业与制造业的有效协同集聚,在京津冀地区内形成良性互动的产业布局,能够有效推动区域层面的协同发展。因此,如何在区域协同发展中尊重经济发展的客观规律,以生产性服务业与制造业协同集聚为抓手,推进京津冀协同发展至关重要。

一、优化调整京津冀地区制造业空间布局

一是实行错位发展。从《京津冀协同发展规划纲要》可以获知,北京应重点发展高科技产业,在产业研发和孵化方面获得新的发展突破,天津应重点按照"一基地三区"的城市定位要求,重点发展先进制造业基地,河北则应按照"三区一基地"功能定位重点优化调整工业结构,提升工业尤其是制造业的结构水平,推进制造业对河北省经济发展的支撑力。基于三地的定位要求,京津冀地区在推进制造业集聚发展时,各地区要有所侧重,在制造业层面上结合自身的定位要求和发展实际,实现错位发展和分层次发展。

二是强化产业链融合。对于地区间共存的制造行业,应本着合作共赢的态度加快地区间的行业合作。通过加快制造业产业链条的拓展和延伸,

一方面可以通过迂回的方式增加制造业的产品附加值,另一方面也可以加大地区间产业链条的合作关系,把相同行业的竞争关系转变为合作关系,扩大彼此之间的利益共同点。

三是处理好集聚与扩散关系。在加强制造业集聚发展获得规模优势的同时,实时推进制造业由核心区域向周边区域扩散,有助于消除环京津贫困带,带动河北省经济总量的提升,缩小地区间的发展不平衡现象,进而实现京津冀地区的协同发展。

四是依托雄安新区提升河北经济发展水平。国家设立雄安新区就是为了在北京、天津之外形成新的增长极,拉动河北省产业结构的调整优化升级。通过采用现代产业分工模式,兼顾产业间的横向协同分工和产业链的纵向协同分工,使制造业生产环节分别布局在不同地区,从而实现京津冀地区制造业的协同集聚。

二、协调推进京津冀地区生产性服务业空间集聚

京津冀地区城市功能定位不同,对产业结构和产业发展的要求也不同。但出于对城市发展安全的考虑,三地都比较重视城市产业多样化发展的需求。因此,在原有产业结构的基础上,大力推动当地生产性服务业发展,促进生产性服务业与制造业的协同集聚,提升城市产业结构水平,实现二、三产业协同驱动发展成为许多城市的发展目标。由于不同生产性服务业发展所需的环境要素不同,各地不能盲目攀比,以免造成重复建设和资源浪费。各地应结合地区现有的产业结构,从提升产业结构水平的视角出发定位生产性服务业发展的种类和层次。对于已有的生产性服务优势行业,应加大投入力度做大做强,发挥该行业对制造业的推动作用。对于处在劣势地位但又属于本地区急需的生产性服务行业,可以通过接受邻近地区的辐射效应获得收益,也可以通过引资的方式吸引该行业的企业在本

地设立分支机构,为当地产业发展提供内在动力。但从长远来看,仍需加快构建生产性服务业发展体系,为未来地区发展提供必要的产业支撑。

三、多措并举推进京津冀地区生产性服务业与制造业协同集聚

北京已经进入工业化发展后期,服务业尤其是生产性服务业高度发达。天津虽然拥有较为完备的工业体系,在京津冀地区的经济体量比较大,但是相对于北京而言,生产性服务业无论在发展水平还是发展范围方面都低于北京。河北制造业比重较高,但是与之配套的生产性服务业发展比较缓慢,而且更多地集中于单一服务业,比如金融服务业、交通运输服务业等,综合性服务业发展比较少。综合京津冀地区城市的发展优势可以看出,北京生产性服务业的快速发展和持久的发展动力,必须具备现实的制造业市场需求,需要制造业市场的更大支撑。而天津和河北制造业的快速发展和转型升级,必然需要生产性服务业的嵌入和支持,提供更全面、更专业、更深入的服务支撑。因此,京津冀地区应根据各自产业的优劣势在城市空间维度进行协同发展,构建合理的产业布局,使城市间产业实现错位发展、互补发展。

1.提高知识密集度,推动生产性服务业与制造业协同集聚

鉴于知识密集度提高对促进生产性服务业与制造业协同集聚的关系,本书认为应重点从以下三个方面推进知识密集型产业的发展。

一是做好高端人力资源的培养和储备。人具有主观能动性,受教育程度的高低直接决定社会生产力的水平。京津冀地区占据有利的地理位置,高校和科研院所众多,有利于培养高精尖人才。同时,要做好人才的引进工作,通过制定和实施优惠的人才引进政策,在全球布局人才计划,为高端

生产性服务业和先进制造业的协同集聚储备人才。

二是重点推进知识密集型产业的扶植和培育。在当今世界,知识密集型产业属于高端生产性服务业,其外溢效应除了一般的知识传播外,还能够与其他产业如制造业实现融合发展,通过嵌入到制造业的研发、生产、销售等环节,提升制造业的生产效率,拓展制造业的产品价值链。

三是加快推进知识密集型产业市场转化速度。受历史因素或偶然性因素的影响,在知识密集型产业获得的领先优势会在路径依赖的作用下,不断放大效应,而且会迅速波及其他关联性行业。因此,加速推进知识密集型产业的市场转化至关重要。

2. 降低交易成本,推动生产性服务业与制造业协同集聚

本书提出应重点做好以下三方面的工作。

一是加快推进京津冀交通一体化的发展。通过规划和建设高铁、高速公路等线网建设,缩短京津冀都市圈时空距离,促进资源要素和企业的顺利流动。另外,在京津冀地区内,北京作为中心城市对其他城市具有明显的辐射作用。距离中心城市越近,这种辐射作用越大,越有助于生产性服务业与制造业的协同集聚。因此,加快交通一体化建设,有利于扩大北京对周边城市的辐射作用。

二是加快推进信息化建设。随着信息化程度的提高和通信成本的下降,有利于打破企业在空间范围上的束缚和限制,扩大活动半径,从而推动产业在空间层面的协同集聚。

三是消除地区保护主义,降低制度性交易成本。目前,由于京津冀地区之间行政分割的存在,各地为了保障财政税收和地方就业率,长期以来对资源要素的自由流动实行管制性政策,造成企业在生产经营活动中的成本上升,阻碍了企业在京津冀地区内部的迁移。因此,应进一步加强京津冀地区府际之间的沟通协调,降低行政壁垒造成的交易成本,才能推动京

津冀地区生产性服务业与制造业的协同集聚。

3. 调控城市租金水平，推动生产性服务业与制造业协同集聚

本书提出应对城市租金水平进行调控，以实现生产性服务业与制造业协同集聚的最大效应。

一是严控城市房地产的投机价格。房地产市场属于服务类型，在投机商人的操控下，房地产市场价格上涨幅度过大，必然带动城市地产价格的上升，随之波及城市租金水平的上升，直接增加了城市内生产性服务业与制造业的成本价格，对实体经济的发展极为不利。因此，应按照市场规则严格调控房地产价格，避免造成企业成本的过快上升。

二是分阶制定城市租金水平。随着工业化发展进程的推进，西方早期发生的工业外迁造成了城市"空心化"现象的发生。为了避免京津冀地区发生城市"空心化"的现象，在发展城市生产性服务业的同时，也应加强城市产业的科学规划，重点推进先进制造业在城市中心区的合理布局和发展，实现制造业与生产性服务业在城市中心区的协同集聚。

4. 增强中心城市辐射作用，推动生产性服务业与制造业协同集聚

本书认为应重点从以下三方面进行调整。

一是明确城市的产业发展重点。北京应侧重产业的协同创新，重点发展生产性服务业的多样化，并融合"高精尖"产业，提升产业的附加值。天津尤其是滨海新区应借助北京生产性服务业的发展要素，利用产业融合手段推进先进制造业和高新技术产业的发展，优化自身的产业结构。对于规模较大的石家庄、唐山、沧州、邯郸、保定等区域性中心城市，应更加关注二、三产业的协调发展，通过生产性服务业集聚发展，推动制造业向价值链高端攀升。对于人口规模较小且经济欠发达的城市，则应着重推进制造业的集聚发展，提高本地经济发展水平。

二是打破京津冀地区间的行政藩篱,有效促进京津尤其是北京生产性服务业与周边中小城市制造业的协同发展,进而扩大生产性服务业与制造业在京津冀地区范畴内的互补效应。

三是借助北京非首都功能疏解政策的实施,推动生产性服务业和先进制造业向河北雄安新区转移,进一步提升周边地区的产业结构水平,推进当地经济快速发展。

5. 健全市场调节作用,推动生产性服务业与制造业协同集聚

本书分别从政府和市场的角度提出两点建议。

一是充分发挥政府宏观调控作用,创新区域生产性服务业与制造业协同集聚的沟通机制。生产性服务业与制造业协同集聚更多地涉及政府间的利益问题。为保障产业的顺利转移和合理集聚,应首先解决京津冀因此产生的利益冲突。具体来讲,京津冀地区政府应积极构建经济利益协调机制和资源环境补偿机制,具体包括市场开放、政策优惠、区域援助、转移支付等多方面,不断优化生产性服务业与制造业协同集聚的制度环境和生态环境。另外,制造业与生产性服务业集聚的实现机制存在行业异质性,政府在政策制定上也要有所区别,针对行业差异性分门别类地出台相应的措施,促进各种产业的有效集聚。

二是充分发挥市场在资源配置中的基础性作用,建立高度的市场化环境。市场环境的优化离不开政府的支持,现实中,政府应该发挥服务市场的作用,减少直接行政干预,让市场真正成为调配资源要素流动的实际力量,在企业追逐合法利润的情况下,实现生产性服务业与制造业的协同集聚。

6. 加快雄安新区建设,推动生产性服务业与制造业协同集聚

本书提出三点对策建议。

一是坚持以科技创新为支撑,通过承载北京非首都功能转移的产业和资源要素,提升雄安新区的竞争力,进而辐射周边地区共同发展。

二是正确处理好北京与雄安新区在产业转移和承接方面的关系。未来高端高新产业将成为雄安新区的主导产业,在承接北京产业转移的过程中要规划好北京与雄安新区的产业结构错位发展,重点在产业链条和城市功能方面实现有效融合与衔接。

三是正确处理好天津与雄安新区的关系。目前,天津在承接北京非首都功能疏解方面,与雄安新区存在明显的竞争关系,主要表现在天津滨海新区与河北雄安新区的竞争。但从京津冀地区发展全局来看,如果河北省的经济体量一直处于较低水平,天津与河北的利益公约数就会受到限制,彼此间利益合作结合点的减少反而不利于天津的长远发展。因此,天津应站在京津冀协同发展的高度,正确处理好与雄安新区的关系。

7. 完善利益补偿,推动生产性服务业与制造业协同集聚

推进京津冀地区生产性服务业与制造业协同集聚必须建立一套良好的利益补偿机制。北京作为国家首都,在软环境建设方面具有不可比拟的优势,尤其体现在高端资源要素方面,比如人力资本、金融要素、高精尖技术等,但劣势也非常突出。近二十年来,尽管北京一直在实施严控城市人口规模增长,但是人口急剧膨胀的趋势没有得到很好的控制。城市人口拥挤直接导致城市基础设施严重不足、交通堵塞、环境污染、淡水资源不足、人均土地面积减少等各项指标频频亮起红灯。2017 年,国家实施了北京非首都功能疏解措施,对北京的部分功能性产业开始向雄安新区等周边地区疏散。这种政府主导下的产业疏解策略,必然推动生产性服务业与制造业的空间布局变化。在产业疏解过程中,无论从政府层面还是企业层面都存在利益博弈的问题,而且不可回避。

从转出地政府层面来看,按照企业税收属地原则的征集办法,随着北

京非首都功能产业的疏解,企业的转出必然导致北京财政税收的减少,这对政府而言是不愿意看到的结果。另外,北京产业的疏解会导致从业人口随着产业外迁,但现实中很大一部分从业人员选择留在北京工作,这就造成从业岗位的减少和就业率的下降,直接危及首都的社会安全与稳定。北京在实施非首都功能疏解的过程中遭遇到的现实问题,应该通过建立京津冀地区的利益补偿机制进行协调。从企业层面来看,在市场经济条件下,企业根据损益关系来决定企业是否进行空间转移。随着产业生命周期的变化,当产业所需资源要素发生变化时,企业会按照比较优势成本来选择产业的空间集聚地。只有当企业在转出地的比较优势成本丧失,产业生命周期处于衰退阶段,收益开始下降,企业才会产生从转出地向合适的转入地迁移的利益冲动,即进行产业的空间再集聚。政府主导下的企业转移机制,必然给企业的迁移带来不确定性,甚至利润递减的风险。如何规避企业转移过程中产生的利润风险,也必须通过建立京津冀地区的利益补偿机制进行协调。从转入地政府层面来看,同样按照财政税收的属地管理原则,企业转入地政府的财政税收会增加,而转出地政府的财政税收会受损。转出地政府与转入地政府之间的利益分配关系如何调整是一个重要问题。另外,企业在政府主导下进行转移,如何通过转入地政府或者转出地政府进行利益补偿,也是企业转移面临的一个难题。

结合生产性服务业与制造业在北京非首都功能疏解背景下的空间转移,本书提出应重点从以下三个方面协调好利益补偿关系。

一是正确协调好转出地与转入地政府之间的利益补偿关系。按照"谁受益谁补偿、谁受损谁受偿"的原则,北京作为生产性服务业和制造业的转出地,在国家政府主导下推动产业的异地转移,北京财政税收的减少应由转入地政府提供必要的利益分享。这种利益分享应该分为两个阶段:短期利益和长期利益。在短期内,转出地财政税收的急剧减少,必然对当地政府的财政支出造成冲击,进而影响到政府社会管理职能的发挥。对这种短期内造成的财政冲击,除了转入地政府提供必要的财政援助外,从国家层面也需要对北京财政税收和拨款进行救济,防止社会发展水平停滞不前。从长期来看,转出地政府和转入地政府的利益补偿或分享机制应该有个时间节点,不能无限制延续下去。这个时间节点需要两地政府进行协商,在限定期间内可以采取税收分享递减的机制,也可以采取平均分享的机制。由于京津冀地区的特殊性,北京在区域内处于中心城市地位,而河北省相较于北京、天津两大直辖市,处于落后发展的地位,无论在经济发展水平还是财政税收方面,都处于发展劣势。基于"发达地区帮助落后地区",在转出地政府和转入地政府间制定利益分享机制时,应重点考虑河北省政府财政税收的现状,以及拉动河北省经济发展,最终实现京津冀地区协同发展的远期目标。另外,在具体补偿方式方面,可以借鉴欧盟一体化的利益补偿机制,通过征税和补贴等方式,用于补偿在企业转移过程中造成的财政税收减少的损失,保障京津冀地区协同发展的稳定性。

二是正确协调好政府与企业之间的利益补偿关系。生产性服务业与制造业协同集聚的过程中,市场发挥着决定性的作用。随着北京非首都功能疏解政策的实施,生产性服务业与制造业在此背景下获得了产业协同集聚的重要机会。在产业协同集聚过程中,产业的空间转移首先需要分析企业按照市场规律所进行的空间转移前后的损益对比,即企业在转出地的收入和成本与企业在转入地的收入和成本进行对比。现实中,对企业在转出地的收益分析可以从企业的损益表或者年终利润得出,但是对于企业是否处于产业生命周期的衰退阶段,则需要把产业放到更大区域范围内进行分析,而不能仅仅限制于京津冀地区范围内。另外,受转出地产业结构调整升级的影响,企业会对所从事的行业进行优化升级,再加上对转入地经济效应的不确定性,企业往往更看重转出地所带来的效用。基于上述分析,无论是转出地政府还是转入地政府,在对企业空间转移过程中发生的损益进行核定和补偿时,制定一套合理的标准是关键。在市场经济条件下,如果政府违背市场规律,强行指派企业转移,必然带来社会经济发展的波动。因此,政府应按照市场规律的调节原则和企业的损益情况,制订一套合理的利益补偿方案,包括转移前的物资保障、转移过程中的物流保障,以及转以后的政策优惠保障等。

三是建立健全产业协同集聚的利益协调机构。为了推进京津冀协同发展,必须先推进产业的协同发展。京津冀地区生产性服务业与制造业在协同发展过程中,必然面临产业空间转移和集聚。随着产业生命周期的变动,企业的区位选择也在不断发生变化。为了推进京津冀地区市场一体化发展,减少政府对企业和资源要素在京津冀地区范围内自由流动的干预,应加快健全和完善现有的京津冀协调议事机构。第一,加强对制约产业协同发展的影响因素进行协调,其中包括地区间产业政策的对接,产业发展规划的协同制定等。第二,加强对地区间损益的衡量和补偿。通过财政转移支付,或者对企业减税和补贴等多种方式,推动企业在地区间的自由流动。第三,加强对产业转移的指导。通过定期向企业发布经济发展报告等相关指标,为企业制定发展战略提供相关服务,进而引导企业向生产性服务业与制造业协同集聚目标靠拢,最终实现京津冀地区服务业与制造业"双轮驱动"的发展模式。

第三节　研究不足与展望

由于时间和能力有限,本书在研究京津冀地区生产性服务业与制造业协同集聚中,还存在一些不足之处,需要在以后的研究中进行深化和补充。

第一,在分析京津冀地区生产性服务业与制造业协同集聚的内在机理时,受《京津冀协同发展规划纲要》、北京非首都功能疏解政策以及雄安新区设立的影响,政府行政指导的特征比较明显。但是限于数据收集的难度,本书在进行实证分析时仅从政府规模的视角对其影响进行了研究,难免会忽略其他一些重要因素。在以后的研究中,应重点从理论分析的角度对政府在产业协同集聚中的作用进行深入分析。

第二,2017年4月国家正式对外宣布设立雄安新区,2018年4月《河北雄安新区规划纲要》颁布。受雄安新区设立时间比较短且数据搜集难度较大,本书对京津冀地区生产性服务业与制造业协同集聚的实证分析中,没有把雄安新区纳入模型分析中。但从长远来看,雄安新区的设立必然会对京津冀地区产业协同集聚产生深远的影响。因此,随着雄安新区的不断发展,以后应重点加强雄安新区与京津冀地区生产性服务业与制造业协同集聚相互影响方面的研究。

参考文献

[1]闫小培,钟韵.区域中心城市生产性服务业发展[M].北京:商务印书馆,2006:78-79.

[2]刘曙华.生产性服务业集聚与区域空间重构——以长江三角洲地区为例[M].北京:经济科学出版社,2012:58-162.

[3]陈璐.河北蓝皮书:京津冀协同发展报告(2018)[M].北京:社会科学文献出版社,2018:26-223.

[4]段杰.生产性服务业发展与区域经济增长研究[M].北京:清华大学出版社,2014:35-112.

[5]贺灿飞.中国制造业地理集中与集聚[M].北京:科学出版社,2009:36-126.

[6]魏江,周丹.生产性服务业与制造业融合互动发展:以浙江省为例[M].北京:科学出版社,2016:178-246.

[7]程大中.生产者服务论[M].上海:文汇出版社,2006:116-127.

[8]孙林岩.服务型制造理论与实践[M].北京:清华大学出版社,2009:15-18.

[9]刘纯彬,杨仁发.中国生产性服务业发展对制造业效率影响实证分析[J].中央财经大学学报,2013(8):69-74.

[10]刘书瀚,张瑞,刘立霞.中国生产性服务业和制造业的产业关联

分析[J].南开经济研究,2010(12):65-74.

[11]梁红艳,王健.中国生产性服务业与制造业的空间关系[J].经济管理,2012(11):19-29.

[12]纪春礼,李健.中国生产性服务业与制造业间关系研究——基于1978—2007年中国数据的协整分析与格兰杰因果检验[J].未来与发展,2010(1):40-44.

[13]程大中.中国生产者服务业的增长、结构变化及其影响——基于投入—产出法的分析[J].财贸经济,2006(10):45-52.

[14]程大中.中国直辖市服务业中的"成本病"问题[J].学术月刊,2008(11):94-99.

[15]刘利超.生产性服务业与制造业协同发展机理和特征分析——以辽宁为例[J].辽宁工业大学学报(社会科学版),2018(2):16-20.

[16]王瑞荣.生产性服务业与制造业协同聚集对制造业升级的影响简[J].统计与决策,2018(2):132-135.

[17]郑长娟,贝洪俊.现代生产性服务业发展与宁波制造业战略升级的思考[J].科技进步与对策,2015(6):63-65.

[18]张洁梅.现代制造业与生产性服务业互动融合发展研究[J].中州学刊,2013(6):26-30.

[19]唐海燕.新国际分工、制造业竞争力与我国生产性服务业发展[J].华东师范大学学报(哲学社会科学版),2012(3):95-101.

[20]刘志彪,王建优.制造业的产能过剩与产业升级战略[J].经济学家,2000(1):64-69.

[21]梁晶晶,黄繁华.制造业对生产性服务业产出增长的作用效果——基于中国投入产出表的实证分析[J].上海财经大学学报,2017(10):83-90.

[22]林木西,崔纯.生产性服务业与装备制造业的互动发展[J].当代

经济研究,2013(12):28-34.

[23]江静,刘志彪,于明超.生产者服务业发展与制造业效率提升:基于地区和行业面板数据的经验分析[J].世界经济,2007(8):52-62.

[24]杨仁发,张爱美.我国生产性服务业与制造业协调发展研究[J].经济纵横,2008(6):57-59.

[25]吉亚辉,李岩,苏晓晨.我国生产性服务业与制造业的相关性研究——基于产业集聚的分析[J].软科学,2012(3):15-19.

[26]杜跃平,王希.西安市生产性服务业与制造业互动关系研究[J].开发研究,2012(8):66-69.

[27]喻春娇,肖德,胡小洁.武汉城市圈生产性服务业对制造业效率提升作用的实证[J].经济地理,2012(5):93-98.

[28]魏江,周丹.我国生产性服务业与制造业互动需求结构及发展态势[J].经济管理,2014(8):17-25.

[29]程大中,黄雯.中国服务业的区位分布与地区专业化[J].财贸经济,2005(7):73-81.

[30]童洁,张旭梅,但斌.制造业与生产性服务业融合发展的模式与策略研究[J].软科学,2010(2):75-78.

[31]李同正,孙林岩,冯泰文.制造业与生产性服务业的关系研究:地区差异及解释[J].财政研究,2013(5):15-19.

[32]田喜洲.制造业对生产性服务业就业的影响空间与机制[J].华中科技大学学报(社会科学版),2011(5):73-79.

[33]宣烨.生产性服务业空间集聚与制造业效率提升——基于空间外溢效应的实证研究[J].财贸经济,2012(4):121-128.

[34]王硕.生产性服务业区位与制造业区位的协同定位效应——基于长三角27个城市的面板数据[J].上海经济研究,2013(3):117-124.

[35]姚星,唐鄰,林昆鹏.生产性服务业与制造业产业关联效应研

究——以四川省投入产出表的分析为例[J].宏观经济研究,2012(11):103-111.

[36]张晓涛,李芳芳.生产性服务业与制造业的互动关系研究——基于MS-VAR模型的动态分析[J].吉林大学社会科学学报,2012(5):100-107.

[37]高觉民,李晓慧.生产性服务业与制造业的互动机理:理论与实证[J].中国工业经济,2011(6):151-160.

[38]陈建军,陈菁菁.生产性服务业与制造业的协同定位研究——以浙江省69个城市和地区为例[J].中国工业经济,2011(6):141-150.

[39]胡晓鹏,李庆科.生产性服务业与制造业共生关系研究——对苏、浙、沪投入产出表的动态比较[J].数量经济技术经济研究,2009(2):33-46.

[40]肖文,徐静,林高榜.生产性服务业与制造业关联效应的实证研究——以浙江省为例[J].学海,2011(7):75-80.

[41]乔均,金汉信,陶经辉.生产性服务业与制造业互动发展研究——1997—2007年江苏省投入产出表的实证分析[J].南京社会科学,2012(3):20-28.

[42]曹毅,申玉铭,邱灵.天津生产性服务业与制造业的产业关联分析[J].经济地理,2009(5):771-776.

[43]顾乃华,毕斗斗,任旺兵.中国转型期生产性服务业发展与制造业竞争力关系研究——基于面板数据的实证分析[J].中国工业经济,2006(9):14-21.

[44]刘宪龙.关于生产性服务业与制造业的关系:一个文献综述[J].经济研究导刊,2013(4):51-53.

[45]邱灵,申玉铭,任旺兵.国内外生产性服务业与制造业互动发展的研究进展[J].世界地理研究,2007(9):71-77.

[46]周鹏,赵玲,胡凯.生产性服务业对制造业的支撑作用研究述评[J].安徽冶金科技职业学院学报,2011(1):75-79.

[47]熊杰.生产性服务业与集群制造业关系研究综述[J].商场现代化,2010(11):145-146.

[48]魏亚男.生产性服务业与制造业互动发展研究综述[J].党政干部学刊,2012(2):58-61.

[49]欧阳翰夫.生产性服务业与制造业互动研究:机理、区位及研究方法[J].改革与战略,2012(6):137-139.

[50]黄莉芳.生产者服务业与制造业互动机理述评及发展路径选择[J].科技管理研究,2011(5):82-87.

[51]刘海龙.中国服务型制造的发展与对策研究[J].管理现代化,2016(7):33-37.

[52]胡景岩.中国发展服务型经济的外向战略选择[J].国际经济合作,2012(8):4-9.

[53]刘世锦.稳健的中速增长离不开制造业竞争力[J].中国经贸导刊,2017(1):31-32.

[54]汪应洛.推进服务型制造:优化我国产业结构调整的战略思考[J].西安交通大学学报(社会科学版),2010(3):26-31.

[55]谢文明,江志斌,林文进.推进服务型制造:实现产品经济向服务经济的转型[J].经济体制改革,2012(11):104-108.

[56]罗建强,王嘉琳.服务型制造的研究现状探析与未来展望[J].工业技术经济,2014(6):153-160.

[57]何哲,孙林岩,朱春燕.服务型制造的概念、问题和前瞻[J].科学学研究,2010(1):53-60.

[58]顾乃华,毕斗斗,任旺兵.生产性服务业与制造业互动发展:文献综述[J].经济学家,2006(11):35-41.

[59]乔均,施建军.生产性服务业与制造业互动发展研究评述[J].经济学动态,2009(11):130-135.

[60]周丹,应瑛.生产性服务业与制造业互动综述与展望[J].情报杂志,2009(8):200-207.

[61]陈建军,陈菁菁.生产性服务业与制造业协调发展研究综述——基于产业及空间层面的解释[J].社会科学战线,2011(9):40-47.

[62]宋立楠.京津冀产业协同发展的动力机制研究——基于协同学的视角[J].河北地质大学学报,2017(5):102-107.

[63]曲宁,徐樟丹,虞冬青等.京津冀协同发展现在进行时[J].天津经济,2014(5):27-34.

[64]许文建.关于"京津冀协同发展"重大国家战略的若干理论思考——京津冀协同发展上升为重大国家战略的解读[J].中共石家庄市委党校学报,2014(4):14-19.

[65]柳天恩.京津冀协同发展:困境与出路[J].中国流通经济,2015(4):83-88.

[66]薄文广,陈飞.京津冀协同发展:挑战与困境[J].南开学报(哲学社会科学版),2015(1):110-118.

[67]程恩富,王新建.京津冀协同发展:演进、现状与对策[J].管理学刊,2015(3):1-9.

[68]魏进平,刘鑫洋,魏娜.京津冀协同发展的历程回顾、现实困境与突破路径[J].河北工业大学学报(社会科学版),2014(6):1-6.

[69]宋迎昌.京津冀协同发展相关研究文献综述[J].城市,2016(2):21-25.

[70]孙久文,原倩.京津冀协同发展战略的比较和演进重点[J].经济社会体制比较,2014(9):1-11.

[71]李斌,熊争艳,李鲲等.历史性工程 历史性一步——京津冀协

同发展三周年实地探访记[J].共产党员(河北),2017(3):17-21.

[72]连玉明.试论京津冀协同发展的顶层设计[J].中国特色社会主义研究,2014(8):107-112.

[73]赵弘.京津冀协同发展的顶层设计[J].城市管理与科技,2014(8):8-10.

[74]丰志培,刘志迎.产业关联理论的历史演变及评述[J].温州大学学报,2005(1):51-56.

[75]周松兰,刘栋.产业关联度分析模型及其理论徐述[J].商业研究,2005(5):107-111.

[76]李峰.产业关联测度及其应用研究[J].山西财经大学学报,2007(11):34-39.

[77]陈继勇,肖光恩.国外关于聚集经济研究的新进展[J].江汉论坛,2005(4):5-12.

[78]曾光,周伟林.产业聚集理论及进展[J].江淮论坛,2005(12):5-10.

[79]陈良文,杨开忠.集聚经济的六类模型:一个研究综述[J].经济科学,2006(6):107-117.

[80]朱华友.新经济地理学经济活动空间集聚的机制过程及其意义[J].经济地理,2005(11):753-756.

[81]李小建,李二玲.产业集聚发生机制的比较研究[J].中州学刊,2002(7):5-8.

[82]贺灿飞,潘峰华,孙蕾.中国制造业的地理集聚与形成机制[J].地理学报,2007(12):1253-1264.

[83]贺灿飞,潘峰华.中国制造业地理集聚的成因与趋势[J].南方经济,2011(6):38-52.

[84]李松庆.生产性服务业的空间布局研究:文献综述与展望[J].广

东工业大学学报(社会科学版),2011(10):16-22.

[85]未江涛.京津冀生产性服务业集聚比较研究——基于区域层面的分析[J].城市,2014(12):34-36.

[86]未江涛.京津冀生产性服务业集聚比较研究——基于行业层面的分析[J].现代商贸工业,2014(11):11-12.

[87]王玉柱.区域协同发展战略下产业结构调整问题研究[J].理论学刊,2014(9):59-63.

[88]陈国亮,陈建军.产业关联、空间地理与二三产业共同集聚——来自中国212个城市的经验考察[J].管理世界,2012(4):82-100.

[89]陈晓峰,陈昭锋.生产性服务业与制造业协同集聚的水平及效应——来自中国东部沿海地区的经验证据[J].财贸研究,2014(5):49-57.

[90]胡晓鹏,李庆科:生产性服务业的空间集聚与形成模式:长三角例证[J].改革,2009(9):36-39.

[91]李强.基于城市视角下的生产性服务业与制造业双重集聚研究[J].商业经济与管理,2013(1):70-78.

[92]张晓东,池天河.90年代中国省级区域经济与环境协调度分析[J].地理研究,2001(8):506-515.

[93]张文明.经济决策必须重视产业关联[J].中国党政干部论坛,2009(6):3-5.

[94]孟彦菊,向蓉美.产业结构与产业关联:基于投入产出表的面板数据分析[J].统计与决策,2010(7):13-17.

[95]周振华.产业关联深化的新变化、基础及其结构平衡[J].东南学术,2005(2):76-87.

[96]杨灿.产业关联测度方法及其应用问题探析[J].统计研究,2005(9):72-75.

[97]刘志彪.产业关联效应系数的动态分析方法初探[J].统计研究, 1992(8):69-71.

[98]杨灿,郑正喜.产业关联效应测度理论辨析[J].统计研究,2014 (12):11-19.

[99]刘保珺.产业关联效应"外移"测度初探[J].现代财经-天津财经 学院学报,2005(4):62-65.

[100]韩峰,柯善咨.追踪我国制造业集聚的空间来源:基于马歇尔外 部性与新经济地理的综合视角[J].管理世界,2012(10):55-70.

[101]范剑勇,李方文.中国制造业空间集聚的影响:一个综述[J].南 方经济,2011(6):53-66.

[102]马国霞,石敏俊,李娜.中国制造业产业间集聚度及产业间集聚 机制[J].管理世界,2007(8):58-65.

[103]殷广卫,李琪.新经济地理学视角下的天津制造业集聚趋势 [J].西南民族大学学报(人文社会科学版),2013(12):124-131.

[104]赵伟,张萃.市场一体化与中国制造业区域集聚变化趋势研究 [J].数量经济技术经济研究,2009(2):18-32.

[105]吴三忙,李善同.市场一体化、产业地理集聚与地区专业分工演 变——基于中国两位码制造业数据的实证分析[J].产业经济研究,2010 (11):7-16.

[106]刘宏曼,郎郸妮.京津冀协同背景下制造业产业集聚的影响因 素分析[J].河北经贸大学学报,2016(6):104-109.

[107]沈体雁,邱亦雯,周麟.基于产业生命周期视角的制造业集聚经 济研究[J].东南大学学报(哲学社会科学版),2016(9):79-90.

[108]邓新波.产业集聚与中国制造业区域转移——基于新经济地理 学分析[J].国际经济合作,2013(12):82-85

[109]石灵云,顾标.产业集聚的形成机制研究——基于中国制造业

四位数行业的实证分析[J].浙江社会科学,2012(5):26-35.

[110]蔺春雷.行业集聚及功能集聚研究综述[J].经济论坛,2010(8):159-162.

[111]但斌,张乐乐,钱文华.知识密集型生产性服务业区域性集聚分布模式及其动力机制研究[J].软科学,2008(3):5-8.

[112]蒋三庚.现代服务业集聚若干理论问题研究[J].北京工商大学学报(社会科学版),2008(1):42-45.

[113]顾乃华.我国城市生产性服务业集聚对工业的外溢效应及其区域边界——基于 HLM 模型的实证研究[J].财贸经济,2011(5):115-122.

[114]陈良文,杨开忠.地区专业化、产业集中与经济集聚——对我国制造业的实证分析[J].经济地理,2006(12):72-75.

[115]王晓玉.国外生产性服务业集聚研究述评[J].当代财经,2006(3):92-96.

[116]张占仓.国外产业集群研究走势[J].经济地理,2006(9):737-741.

[117]朱英明,杨斌,周晓丽.产业集聚困境研究:回顾与展望[J].经济评论,2011(3):145-151.

[118]曹阳,李林,胡泽英.产业集群形成机理综述[J].生态经济,2006(8):112-115.

[119]李君华,彭玉兰.产业布局与集聚理论述评[J].经济评论,2007(3):146-152.

[120]何骏.中国生产性服务业发展的路径拓展与模式创新[J].商业经济与管理,2010(1):76-84.

[121]陈娜,顾乃华.我国生产性服务业与制造业空间分布协同效应研究[J].产经评论,2013(9):35-45.

[122]王硕,郭晓旭.垂直关联、产业互动与双重集聚效应研究[J].财

经科学,2012(9):34-41.

[123]吉亚辉,甘丽娟.中国城市生产性服务业与制造业协同集聚的测度及影响因素[J].中国科技论坛,2015(12):64-68.

[124]陆剑宝,梁琦.生产性服务业与制造业的空间与产业二重协同:研究述评与展望[J].中大管理研究,2012(7):67-85.

[125]盖文启,朱华晟,张辉.国外产业集群理论探析[J].经济地理,2006(9):737-741.

[126]李惠娟.中国城市服务业集聚测度——兼论服务业集聚与制造业集聚的关系[J].经济问题探索,2013(4):13-19.

[127]刘周洋,钟韵.中国制造业集聚与服务业集聚对比的初步探讨[J].经济问题探索,2009(11):63-66.

[128]陈建军,刘月,邹苗苗.产业协同集聚下的城市生产效率增进——基于融合创新与发展动力转换背景[J].浙江大学学报(人文社会科学版),2016(5):150-163.

[129]高峰,刘志彪.产业协同集聚:长三角经验及对京津唐产业发展战略的启示[J].河北学刊,2008(1):142-146.

[130]豆建民,刘叶.生产性服务业与制造业协同集聚是否能促进经济增长——基于中国285个地级市的面板数据[J].现代财经(天津财经大学学报),2016(4):92-102.

[131]刘叶,刘伯凡.生产性服务业与制造业协同集聚对制造业效率的影响——基于中国城市群面板数据的实证研究[J].经济管理,2016(6):16-28.

[132]谭洪波.生产者服务业与制造业的空间集聚:基于贸易成本的研究[J].世界经济,2015(3):171-192.

[133]祝佳.生产性服务业与制造业双重集聚效应研究——基于政府行为差异的视角[J].武汉大学学报(哲学社会科学版),2015(9):52-60.

[134]席强敏.外部性对生产性服务业与制造业协同集聚的影响——以天津市为例[J].城市问题,2014(10):53-59.

[135]江曼琦,席强敏.生产性服务业与制造业的产业关联与协同集聚[J].南开学报(哲学社会科学版),2014(1):153-160.

[136]吉亚辉,段荣荣.生产性服务业与制造业双重集聚的协调度与生态位适宜度研究[J].中国科技论坛,2014(8):49-54.

[137]吉亚辉,段荣荣.生产性服务业与制造业协同集聚的空间计量分析——基于新经济地理学视角[J].中国科技论坛,2014(2):79-84.

[138]高家明.服务型制造实施路径[J].企业管理,2015(12):9-12.

[139]吕政.中国经济新常态与制造业升级[J].财经问题研究,2015(10):3-8.

[140]傅志华,石英华,封北麟."十三五"推动京津冀协同发展的主要任务[J].经济研究参考,2015(11):89-100.

[141]喻春娇,郑光凤.湖北省生产性服务业与制造业的互动发展程度分析[J].经济地理,2010(11):1859-1864.

[142]党怀清.我国生产性服务业发展探析[J].中南财经政法大学学报,2007(6):72-75.

[143]王瑞.我国生产性服务业发展过程、问题与对策研究[J].国际商务-对外经济贸易大学学报,2011(1):77-85.

[144]裴瑱.韩国、香港生产性服务业发展经验及启示[J].科技管理研究,2009(12):150-152.

[145]冯梅.发展服务经济的国际经验及对我国的启示[J].毛泽东邓小平理论研究,2009(4):75-79.

[146]陈永国.京津冀第三产业的梯度比较与优化建议[J].中国经贸导刊,2003(1):62-65.

[147]邓丽姝.京津冀经济圈服务业协调发展研究[J].经济论坛,

2006(6):44-48.

[148]王小平,陈永国.基于大梯度极差理论的生产性服务业协作政策研究[J].经济与管理,2008(1):28-31.

[149]徐永利.逆梯度理论下京津冀产业协作研究[J].河北大学学报(哲学社会科学版),2013(9):73-78.

[150]孙久文.北京参与京津冀区域合作的主要途径探索[J].河北工业大学学报(社会科学版),2013(3):1-5.

[151]于刃刚.推进京津冀现代服务业一体化的意义与对策[J].城市,2010(6):30-33.

[152]王小平,高会艳,都继萌.论京津冀生产性服务业协作方式[J].社科论坛,2012(2):160-162.

[153]吕政,刘勇.中国生产性服务业发展的战略选择[J].中国工业经济,2006(8):43-37.

[154]盛龙,陆根尧.中国生产性服务业集聚及其影响因素研究——基于行业和地区层面的分析[J].南开经济研究,2013(5):22-26.

[155]王琢卓,韩峰.湖南省生产性服务业集聚对经济增长的影响[J].中国科技论坛,2012(11):42-45.

[156]丁静秋,赵公民.中部地区生产性服务业集聚发展的影响因素——基于81个地级市数据的实证研究[J].科技管理研究,2013(10):17-19.

[157]李江帆.国外生产服务业研究述评[J].外国经济与管理,2004(11):56-62.

[158]马艳,张峰.利益补偿与我国社会利益关系的协调发展[J].社会科学研究,2008(4):34-38.

[159]江冰.区域协调发展要靠新型利益协调机制[J].中国改革,2006(2):64-66.

[160]谢晓波.地方政府竞争与区域经济协调发展的博弈分析[J].浙江社会科学,2004(2):100-104.

[161]朱胜勇.发达国家生产性服务业发展的影响因素——基于OECD国家生产性服务业的分析[J].城市问题,2009(7):90-96.

[162]孙久文,李爱民,彭芳梅.长三角地区生产性服务业与制造业共生发展研究[J].南京社会科学,2010(8):1-6.

[163]李庆杨,孙秀秀.刍议生产性服务业与制造业的互动发展[J].经济问题,2009(10):35-36.

[164]赵放,成丹.东亚生产性服务业和制造业的产业关联分析[J].世界经济研究,2012(7):73-79.

[165]刘兵权,王耀中.分工、现代生产性服务业与高端制造业发展[J].山西财经大学学报,2010(11):35-41.

[166]程大中.服务业发展与城市转型:理论及来自上海的经验分析[J].中国软科学,2009(1):73-83.

[167]吉亚辉,张夏娜.甘肃省生产性服务业与制造业的互动研究——基于投入产出法[J].开发研究,2013(4):55-58.

[168]林子波,李碧珍.海西区制造业与生产性服务业互动关系的实证分析[J].福建论坛(人文社会科学版),2008(1):106-110.

[169]郭怀英.韩国生产性服务业促进制造业结构升级研究[J].宏观经济研究,2008(2):23-28.

[170]张旺军.基于制造业能级提升的生产性服务业发展研究——以浙江省宁波市为例[J].生产力研究,2010(11):179-181.

[171]唐强荣,徐学军.基于组织生态学的生产性服务业与制造业的关联关系[J].软科学,2009(8):11-15.

[172]原毅军,耿殿贺,张乙明.技术关联下生产性服务业与制造业的研发博弈[J].中国工业经济,2007(11):80-87.

[173]周孝,冯中越,张耘.京津冀晋蒙地区生产性服务业发展与制造业升级[J].北京工商大学学报(社会科学版),2013(7):16-23.

[174]刘兵权,王耀中,文凤华.开放经济下现代生产性服务业、高端制造业与产业安全[J].社会科学家,2011(5):50-54.

[175]刘志彪.论现代生产者服务业发展的基本规律[J].中国经济问题,2006(1):3-9.

[176]汪琦.美日生产性服务业与制造业贸易绩效互动性的异同分析[J].宏观经济研究,2013(9):119-127.

[177]张沛东.区域制造业与生产性服务业耦合协调度分析——基于中国29个省级区域的实证研究[J].开发研究,2010(4):46-49.

[178]钱书法,贺建,程海狮.社会分工制度下生产性服务业与制造业关系新探——以江苏省为例[J].经济理论与经济管理,2010(3):69-74.

[179]贾根良,刘书瀚.生产性服务业:构建中国制造业国家价值链的关键[J].学术月刊,2012(12):60-67.

[180]韩明华.生产性服务业促进产业结构优化升级研究——以宁波制造业转型为例[J].经济体制改革,2010(7):51-55.

[181]周鹏,余珊萍.生产性服务业对制造业空间布局升级贡献的实证研究[J].东南大学学报(哲学社会科学版),2011(7):68-72.

[182]孔婷,孙林岩,冯泰文.生产性服务业对制造业效率调节效应的实证研究[J].科学学研究,2010(3):357-364.

[183]张振刚,陈志明,胡琪玲.生产性服务业对制造业效率提升的影响研究[J].科研管理,2014(1):131-138.

[184]席艳乐,易莹莹.生产性服务业发展与上海制造业国际竞争力的提升[J].统计与决策,2013(2):92-95.

[185]唐国兴,段杰.生产性服务业和制造业互动发展分析——以深圳市为例[J].山西财经大学学报,2009(4):92-94.

[186]徐从才,乔均.生产性服务业是打造国际制造业基地的保障[J].中国流通经济,2006(2):17-20.

[187]何青松,张春瑞,李泽昀.生产性服务业提升制造业产业高度的实证分析[J].山东大学学报(哲学社会科学版),2011(7):100-105.

[188]黄莉芳,黄良文.生产性服务业提升制造业生产率的调节机制检验[J].财经论丛,2012(9):9-13.

[189]冯泰文,孙林岩,何哲.生产性服务业影响制造业能耗强度的路径分析[J].科研管理,2009(7):80-88.

[190]唐强荣,庄伯超,叶飞.生产性服务业与制造企业绩效的相关关系——基于广东制造业的实证研究[J].统计与决策,2007(8):95-97.

[191]唐强荣,徐学军,何自力.生产性服务业与制造业共生发展模型及实证研究[J].南开管理评论,2012(6):20-26.

[192]唐强荣,庄伯超,徐学军.生产性服务业与制造业共生关系影响因素的实证研究[J].科技进步与对策,2014(5):83-85.

[193]韩德超.生产性服务业与制造业关系实证研究[J].统计与决策,2013(9):87-90.

[194]孔德洋,徐希燕.生产性服务业与制造业互动关系研究[J].经济管理,2014(6):74-79.

[195]魏江,周丹.生产性服务业与制造业互动机理研究[J].科学学研究,2010(8):1171-1180.

[196]周鹏,余珊萍,韩剑.生产性服务业与制造业价值链升级间相关性的研究[J].上海经济研究,2013(9):55-62.

[197]周鹏,余珊萍,胡凯.生产性服务业与制造业空间布局升级间相关性分析[J].统计与决策,2011(3):93-95.

[198]杨仁发,刘纯彬.生产性服务业与制造业融合背景的产业升级[J].改革,2011(5):40-46.

［199］孙素侠.生产性服务业与制造业协同发展实证研究［J］.求索，2012（10）:26-28.

［200］Brulhart,M. &SbergamiF.,Agglomeration and Growth:Empirical Evidence［J］.ETSG Working Paper,2006.

［201］Abraham K. G. ,Taylor S. K. Firm´s use of outside contractors:theory and evidence［J］.Journal of Labor Economics,1996,14（3）:394-424.

［202］Airoldi（ A. ）,Biachi Janetti（ G. ）,Gambardella（ A. ） & Senn（ L. ）,The impact of urban structure on the location of producer services［J］.The Service Industries Journal,1997,17（1）:91-114.

［203］Pierre-Philippe Combes,1984—1993［J］.Journal of Urban Economic Structrue and Local Growth:France Economis,2002,47（3）:329-355.

［204］Rosenthal,S. &Strange,C.,Evidence on the Nature and Sources of Agglomeration Economies. In J. V. Henderson and Jacques-Francois Thisse（eds）［J］,Handbook of Regional and Urban Economics,2004（4）:2119-2171.

［205］Antonio Ciccone&Robert E. Hall. Productivity and the density of economic activity［J］.American Economic Review,1996,86（1）:54-70.

［206］Au,Chun-Chung&J. Vernon Henderson. Are Chinese cities too small［J］.Review of Economic Studies:2006,73（3）:549-576.

［207］Baldwin,R. E,Agglomeration and endogenous capital［J］.European Economic Review,l999,43（2）:253-280.

［208］Baldwin&Krugman,Agglomeration,integration and tax harmonization［J］.European Economic Review,2004,48（1）:1-23.

［209］Marc J. Melitz,The Impact of Trade on Intra-industry Reallocations and Aggregate Industry Productivity［J］.Econometrica,2003,71（6）:1695-1725.

[210]Adam B. Jaffe, Technological Opportunity and Spillovers of R&D Evidence from Firms′ Patents, Profits, and Market Value[J], The American Economic Review, 1986, 76(5):984−1001.

[211]Alberto F. Ades and Edward L. Glaeser, Trade and Circuses Explaining Urban Giants[J], The Quarterly Journal of Economics, 1995, 110(1): 195−227.

[212]Alwyn Yong, The Razor′s Edge: Distortions and Incremental Reform in the People′s Republic of China[J], The Quarterly Journal of Economics, 2000, 15(4):1091−1135.

[213]Anand, B. and A. Galetovic, Weak Property Rights and Holdup in R&D[J], Journal of Economics and Management Strategy, 2000, 9(4): 615−642.

[214]Arora, A., A. Fosfuri and A. Gambardella, Markets for Technology: The Economics of Innovation and Corporate Strategy[J], Cambridge, Massachusetts: MIT press, 2001.

[215]Marcon, E Puech, F. Evaluating the geographic concentration of industries using distance−based methods[J]. Journal of Economic Geography, 2003(3):409−428.

[216]Andersson M. Co−location of Manufacturing&Producer Services: A Simultaneous Equation Approach[C]. In Karlsson C, Johansson B, Stough R, Entrepreneurship and Dynamics in the Knowledge Economy, New York: Routledge, 2006:94−124

[217]Ryan M. Gallagher. The Economics of Industrial Location: Agglomertion, Co−agglomeration, and Inventory Managemnet[D]. University of Illinois at Chicago, 2007.

[218]Avinash K. Dixit, Joseph E. Stiglitz, Monopolistic competition and

optimum product diversity[J], The A erican Economic Review, March 1977 (67):297-308.

[219]Brown S. W. , Fisk R. P. and Bitner M. J. , The development and emergence of services marketing thought[J], International Journal of Service Industry Management,1994,5(1):21-49.

[220]Charles van Marrewijk, Joachim Stibora, Slbert de Vall and Jean-Marie Viaene, Producer services, comparative advantage, and international trade patterns[J], Journal International Econominrs,1997,42:195-220.

[221]Claude R. Martin and David A. Horne, Restructuring Towards a Service Orientation:The Strategic Challenges[J], International Journal of Service Industry Management,1992,3(1):25-38.

[222]Crawford Welch S. , International marketing and competition in European marketst[J], International Journal of Contemporary Hospitality Management,1991,3(4):47-54.

[223]Dilek Cetindamar Karaomerlioglu and Bo Carlsson, Manufacturing in Decline? A Matter of Definition Manufacturing Firms[J], Economic Innovation New Technology,1999(8):175-196.

[224]Donghoon Lee and Kenneth I. Wolpin, Intersctoral Labor Mobility and the Growth of the Service Sector[J], Econometrica,2006,74(1):1-46.

[225]Elisenda Paluzie, Trade Policy and Regional Inequalities[J], Papers in Regional Science,2001(80):67-85.

[226]Ethier Wilfred, National and International Return to Scale in tile Modern Theory of International Trade[J], American Economic Review, 1982 (6):389-405.

[227]Fosfuri A. , The Licensing Dilemma:Understanding the Determinants of the Rate of Technology Licensing[J], Strategic Management Journal,

2006,27(12):1141-1158.

[228] Francois J. F. and Woerz J. , Producer Services; Manufacturing Linkages, and Trade[J], Journal of Industry, Competition and Trade,2008,8 (3-4):1566-1679.

[229] Fukunari Kitnura and Hyun-Hoon Lee,The Gravity Equation in International Trade in Services[J], Review of World Economics,2006,142(1): 92-121.

[230] Gabriel Dupuy and Vaclav Stransky,Cities and highway networks in Europe[J], Journal of Transport Geogaphy,1996,4(2):107-121.

[231] Gallini N. , The Economics of Patents:Lessons from Recent U. S. Patent Reform[J], Journal of Economic Perspectives,2002,16(2):131-154.

[232] Gans J. ,Hsu D. and Stern S. ,The Product Market and the Market for Ideas:Commercialization Strategies for Technology Entrepreneurs[J], Research Policy,2003,32(2):333-350.

[233] Gregory Clark,Shelter from the Storm:Housing and the Industrial Revolution:1550-1909[J], The Journal of Economic History,February 2002 (62):489-511.

[234] Green J. and Scotchmer S. ,On the Division of Profit between Sequential Innovators[J],BAND Journal of Economics,1995,26(1):20-33.

[235] Harrington Jr. ,James W. ,Campbell Jr. ,Harrison S. ,The Suburbanization of Producer Service Employment[J], Growth and Change, March 1997(28):335-359.

[236] Hellmann T. and Perotti E. ,The Circulation of Ideas in Firms and Markets[J], Working Paper, University of British Columbia,2007.

[237] Heller M. and Eisenberg R. , Can Patents Deter Innovation? The Anticommons in Biomedical Research[J],Science,1998(280):698-701.

［238］Holmes T. ,Stevens J. ,Geographic concentration and establishment scale［J］,The Review of Economics and Statistics,2002:682-690.

［239］James D. Adams and Adam B. Jaffe,Bounding the Effects of R&D: an investigation using matched establishment-firm data［J］,The RAND Journal of Economics,1996,27(4):700-721.

［240］Maryann P. Feldman and David B. Audretsch,Innovation in Cities Science-based Diversity,Specialization and Localized Competition［J］,European Economic Review,1999(43):409-429.

［241］Javier Gutierrez and Gabriel Gomez,Location,economic potential and daily accessibility an analysis of the accessibility impact of the high-speed Iine Madrid-Barcelona-French border［J］. Journal of Transport Geography,2001(9):229-242.

［242］Jeffrey I. Bernstein and M. Ishaq Nadiri,Interindustry R&D Spillovers,Rates of Return,and Production in High-Tech Industries［J］. The American Economic Review,1988,78(1):429-434.

［243］Karaomerioglu and Bo Carlaaon,Manufacturing in Decline A Matter of Definition［J］. Economy,hmovation,New Techndogy,1999,8:175-196.

［244］Lerner J. ,150 Years of Patent Protection［J］. American Economic Review Papers and Proceedings,2002,92(2):221-225.

［245］Luc Anselin,Attila Varga and Zoltan Acs,Local Geographic Spillovers between University Research and High Technology Innovations［J］. Journal of Urban Economic,1997(42):422-448.

［246］Klaesson J. ,Monopolistic Competition,Increasing Returns:Agglomeration and Transport Cost ［J］, Annals of Regional Science, 2001 (33):375-394.

后　记

　　本书终于要付梓出版了，十分感谢天津社会科学院出版社社长高潮博士和总编室主任吴琼女士，为本书的出版给予宝贵的支持和帮助。本书的完成还得益于众多老师、同事的大力支持，在此一并致谢！

　　本书由未江涛、苏媛、丁慧合著，第一章、第二章和第三章部分章节由未江涛执笔，共计 11 余万字，前言、第三章部分章节、第四章部分章节、参考文献由苏媛执笔，共计 6 万余字，第四章部分章节、第五章、第六章由丁慧执笔，共计 3 万余字，最后共同修改润色成稿。书中难免有不少缺憾，恳请大家指正！

作　者

2023 年 4 月